Neville

顯化成真的關鍵

無須外求、不必花錢，
最偉大神秘學導師
教你以「內在體驗真實」
帶動「外在豐盛實現」

The Law and The Promise

內維爾・高達德（Neville Goddard）—著　陳柚均—譯

New Life 38

顯化成真的關鍵：無須外求、不必花錢，最偉大神秘學導師教你以「內在體驗真實」帶動「外在豐盛實現」

原著書名　The Law and the Promise
原書作者　內維爾．高達德（Neville Goddard）
譯　　者　陳柚均
特約編輯　蔡明雲
封面設計　林淑慧
主　　編　劉信宏
總 編 輯　林許文二

出　　版　柿子文化事業有限公司
地　　址　11677 臺北市羅斯福路五段 158 號 2 樓
業務專線　（02）89314903#15
讀者專線　（02）89314903#9
傳　　真　（02）29319207
郵撥帳號　19822651 柿子文化事業有限公司
投稿信箱　editor@persimmonbooks.com.tw
服務信箱　service@persimmonbooks.com.tw
業務行政　鄭淑娟、陳顯中

初版一刷　2025 年 7 月
定　　價　新臺幣 499 元
I S B N　978-626-7613-46-7

國家圖書館出版品預行編目（CIP）資料

顯化成真的關鍵：無須外求、不必花錢，最偉大神秘學導師教你以「內在體驗真實」帶動「外在豐盛實現」／內維爾．高達德（Neville Goddard）著；陳柚均譯．
-- 一版．-- 臺北市：柿子文化事業有限公司，2025.7
面；　公分．--（New life；38）
譯自：The Law and the Promise
ISBN 978-626-7613-46-7（平裝）
1.CST: 自我實現 2.CST: 想像 3.CST: 成功法
177.2　　114002421

深具震撼力的顯化理論與故事

BB，胡靜如／YouTuber

我接觸內維爾的「假設法則」已經很多年了，第一次讀到他的書時，就完全停不下來！一直以來，我熱衷於閱讀各種身心靈與吸引力法則的書籍，因為我很想了解這個3D世界是如何運作的。然而，有許多書籍只揭露冰山一角，講得含蓄又不夠具體，讓人看完還是摸不著頭緒，但內維爾的書完全不同，它擁有一種強大的魔力，直指顯化的核心本質。

當初我翻開《顯化成真的關鍵》的原文書，立刻就被吸引，從第一頁開始便停不下來。我每天熬夜閱讀，下班回家第一件事就是迫不及待地繼續讀它。短短幾天，我就把這本書讀完了，內容帶給我的震撼難以言喻！它讓我對這個3D世界的運作方式有了更深的理解，也讓我明白「假設法則」的力量。

內維爾的教導鏗鏘有力，他的每一句話都是重點，直白而不拐彎抹角，沒有任何華而不實的冗言贅字，對於想深入了解顯化的人來說，就是一盞指路明燈。他強調：「想像創造現實。」這本書也收錄了許多真實顯化案例，讀完後就知道如何應用他的教導，可以直接付諸行動。

例如，有一位原本只是平凡無奇的舞蹈老師，想要加盟知名的舞蹈教室，但是沒錢。後來透過內維爾的方法，想像已經在經營自己的舞蹈教室，結果真的神奇地加盟了，還開了好多間舞蹈教室，搖身一變成為成功的舞蹈教室負責人！（我在我的 YouTube 頻道上分享過這個精彩故事。）

還有一對夫妻，他們擁有一塊土地，但一直都沒錢蓋房子，後來遵循內維爾的教導，開始想像那塊地上已經有了房子，最後真的免費蓋了房子，這個過程真的太神奇，讓我驚掉下巴！

儘管這些案例發生在一九六〇年代左右的美國，你可能會覺得與現今台灣社會背景不同而無法照做，但是顯化的原理是跨越時空的，真理不會因為時代變遷而改變，內維爾的教導至今依然適用，並且已幫助無數人顯化夢想。

我在我的 YouTube 頻道上常常分享內維爾的「假設法則」，讓更多中文圈的人可以認識他，至今已經有很多觀眾顯化成功了。例如，我的一位觀眾在公司尾牙之前，每天晚上想像自己中了尾牙的最大獎，甚至準備了得獎感言，也計畫了這筆獎金的用途，結果真的在尾牙當天被抽中，贏得最大獎！還有非常多觀眾也都顯化成功了，這只是其中一個，所以「想像創造現實」絕對不是空談，而是實際可以運用的顯化技術！

在內維爾的眾多著作裡，我認為《顯化成真的關鍵》是最具代表性的一本，因為他的顯化理論極具震撼力，而且書中充滿許多精彩的顯化故事，讓人讀完後深受啟發。感謝柿子文化再次翻譯內維爾的著作，讓更多中文讀者有機會接觸這部經典。

此外，同樣是內維爾的著作：《感覺是秘密》與《祈求成真的秘密》也已上市，推薦大家一併閱讀，能更全面地理解內維爾的教導。

我相信本書將改變許多人的人生，就像它曾經深刻改變我的世界一樣！

活在終點，讓自己真實擁有

阿明顯化教練／FB、Youtube「顯化法則學院」創辦人

內維爾．高達德是我覺醒後才接觸到的顯化教父。

高我的訊息讓我明白了顯化法則，與內維爾的教導幾乎完全一致，也因此更加堅信：我們每個人都擁有與生俱來的顯化能力。

顯化班的同學若問我推薦的書，我只推內維爾的著作，因為他的顯化教義簡單明瞭，不管是顯化新手還是學了很多法則仍抓不住重點的老手，都能透澈掌握顯化真諦。

感謝柿子文化翻譯並出版內維爾的著作，讓更多讀者能深入了解他的顯化教義。

目前已出版了三本：《感覺是秘密》、《祈求成真的秘密》，以及《顯化成真的關鍵》，分別從不同面向來引導我們認識顯化的奧秘：

《感覺是秘密》：強調顯化過程中的「燃料」——感覺，為願景注入源源不絕的生命力。

《祈求成真的秘密》：解析如何調整心態與心法，加速顯化的實現。

《顯化成真的關鍵》：強調「活在終點」，先在想像力中描繪最終狀態，相信自己已身處其中。就像蓋房子前先有設計圖，想像力正是其藍圖。

想像力是人類最強大的創造源頭，尤其在人工智慧快速發展的時代，唯有人類的想像力與創造力難以被取代。我們所見的任何事物，都源自某人的內在想像：從科幻場景逐漸成真，到日常生活中因想像而產生的發明創意。若想像一顆檸檬，將它切開、滴汁入口，僅在腦海中就能感受到真實的酸味，顯示內在想像如何深刻影響生理與心理狀態。

本書透過真實案例，示範內維爾的顯化法則如何落實於日常。我們不需繁複的儀式或花費五、六位數的金額上課學習，因為顯化能力一直都在我們的內在。

只要願意察覺並運用這股力量，先在想像中「活在終點」，就能使內在畫面成為外在的真實。

希望各位讀者能透過本書，更清晰地看見想像力與信念的關係，並在日常中實踐「我已經擁有」的狀態。讓顯化成為一種自然且可持續的生活方式，祝福每位讀者都能在此書中收穫啟發，開啟專屬的創造之旅。

一劑強而有力的心靈處方

海地／顯化教練、YouTuber

初識內維爾．高達德的《顯化成真的關鍵》時，我正全心探究顯化的奧秘。作為顯化教練與Youtuber，我深知想像力與信念對創造人生的重要性，但本書所傳遞的「感覺即成真」理念，仍令我豁然開朗。

內維爾．高達德透過多則真實案例，展現人人皆能運用內在感受，實際塑造外在結果的奇蹟。這種以「當下化身」方式去感受理想境界的做法，不僅理論縝密，也直接觸及心靈深處。

本書核心在於強調「想像」與「感受」的合一。若能以身心合一的態度沉浸於已達成的圖像，周遭環境會呼應內在意象，讓原本僅存於心靈的願望逐漸落實。書中多次提到我們不必向外界求證，只需真誠相信自己已然擁有，改變就會自然而然地發生。這對每一位渴望改寫命運的人而言，都是一劑強而有力的心靈處方，也完美印證了我多年的顯化教學經驗。在我協助學員實踐目標的過程中，無數案例也呼應了此道理：當意識充分浸潤於「我已擁有」的狀態，現實往往跟隨意念轉化。這種內外呼應的顯化模式，正是內維爾．高達德整體思想的精髓。

翻閱本書，不僅能獲得方法論，更能體悟深層的自我覺察。內維爾・高達德反覆提醒，顯化並非外求，而是回歸心靈的根源，透過持續練習「身在夢想當中」的感覺，讓潛意識成為推動奇蹟的引擎。如此一來，我們不再被外在限制框住，反而可以發現「改變世界」其實不在遠方，而是在每一次真實的內在體驗。對於任何想突破現狀、渴望蛻變的人，本書皆提供一道振奮人心的指引。

在我的顯化課程裡，也經常引導學員先「成為」目標本身，再觀照外境如何因思維與信念的升級而重塑。本書的豐富案例與易懂敘述，更為讀者提供可立即應用的實踐路徑。

最後，我誠摯推薦本書給每一位尋求成長與自我實現的讀者。書中不只是闡述「吸引力法則」或「想像力」的觀念，更提供了直抵人心的洞見：只要真心相信、以「已然擁有」的方式去生活，終將看見願望在眼前落地開花。作為顯化教練，我目睹許多學員在擁抱此原則後，生活出現戲劇性轉變，而我自己也一次次印證了心念的威力。它就像一把開啟內在世界的鑰匙，將你的注意力與感受指向無限潛力。願它成為你顯化之旅的契機。

把握當下，就從閱讀此書開始，藉以照亮你的心靈與未來。

現在，我可以創造什麼？

霏霏 Acacia ／ YouTuber

我們的思想，真的能改變現實嗎？這或許是初次接觸顯化法則的人心中的疑問。而內維爾．高達德在《顯化成真的關鍵》中，帶來了一個強而有力的答案——不只是「可以」，而是「你一直都在這麼做」，只是你從未意識到。

這本書的核心概念是「想像即創造」，但它並不只是空談「正向思考」或「許願就能改變世界」的神秘理論。

內維爾所描述的「想像力的力量」，其實有許多心理學層面的支撐，但又超越了心理學所能解釋的範圍。

心理學中的「自我實現預言」（Self-Fulfilling Prophecy）告訴我們，當我們相信某件事會發生，我們的行為與決策都會朝著這個方向前進，最終讓它成為現實。內維爾的觀點與此相似，但他進一步強調：「關鍵不只是你的信念，而是你能否真實體驗到願望已經實現的感受。」

在運動心理學中，有一種訓練法叫「心理排練」（Mental Rehearsal），許多頂尖運動員會在腦海中模擬比賽成功的場景，甚至細緻到動作、呼吸節奏，讓大腦「以為」這已經發生了，從而提升實戰表現。內維爾的「感受完成法」（Feeling It Real）與此相似，但他進一步指出，當我們的內在真正進入這種狀態，外在現實也會開始調整，以對應我們的改變。

但如果這真的有效，為什麼還有人無法顯化成功？內維爾的回答很簡單：因為我們的內在信念仍受過去模式限制。

心理學中的「內隱記憶」（Implicit Memory）解釋了這一點——即使我們「理智上」想要改變，但如果潛意識仍然抗拒，現實也不會輕易改變。

因此，顯化的關鍵不只是「想要」，而是能否真正讓潛意識接受這個新現實。內維爾的理論，不只是讓我們理解這個運作方式，更提供了改變它的方法。

然而，這本書的價值，不僅僅在於它與心理學的關聯。心理學能解釋「為什麼想像與信念會影響行為」，但內維爾進一步觸及更深層的領域——為什麼內在的想像，能夠影響外在世界？這已超越了傳統心理學的範疇，進入了一種更廣闊的理解。當你深入閱讀這本書，你會發現，內維爾所描述的現象，並不是簡單的心理作用，而是一種意識如何與現實互動的方式。

如果你曾嘗試過顯化法則，卻感到疑惑或不確定，那麼這本書將會給你更清晰的答案。它不只是一本關於「願望實現」的書，更是一個完整的系統，幫助你理解「想像如何真正運作」，並讓你掌握這股力量來轉變你的生活。

當你讀完這本書，你可能不會再問：「顯化真的有效嗎？」你會開始問：「既然我能創造我的現實，那麼，我真正想要創造的是什麼？」

想像即顯化，心念創造現實

簡宏志（彼得教練）／心靈療癒導師

二十多年來，我一直在心靈成長的領域探索、學習，並帶領許多人從限制性的信念中解放自己，活出更豐盛的人生。在這條旅途中，我見證了無數人的蛻變——那些原本自我懷疑、被困於困境中的人，當他們開始轉變內在信念，世界竟也隨之改變。這不僅是個人潛能的展現，更是一種心靈法則的運行。而內維爾在這本書中，揭示了這個法則的核心——想像力即是創造的力量，一切現實皆源於心念。

這本書不僅是靈性領域的經典，更是一把開啟人生無限可能的鑰匙。內維爾的教導讓我們深刻理解：世界不是「外在的」，而是我們內在信念的投射；我們的生命經驗，不是被動地接受，而是有意識或無意識地創造出來的。

我常常在課程與講座中，請學員思考：「如果你的人生是一部電影，誰是導演？誰在編寫劇本？」許多人會說：「當然是我！」但當我們深入探討，他們卻發現自己的劇本往往是由過去的經驗、社會的標準，甚至是無意識的恐懼所塑造的。而這些無形的信念，就像一條條隱形的線，牽引著我們的選擇，最終形成我們的現實。

內維爾提出的核心概念「住在其中」，正是讓我們有意識地選擇自己人生的畫面。這不只是幻想，而是一種強大的心理狀態——當我們完全沉浸在目標已實現的感受中，並讓這種感受引導我們的行動與決策，現實就會開始調整，朝向我們想要的方向發展。

這點，我自己深有體會。過去，我曾經歷事業上的挑戰、身體上的困頓，也曾因環境的變動而陷入迷惘。但每一次，我都選擇回到內在，透過調整心態、視覺化未來、專注於感恩，去創造新的可能性。回顧這一路走來，我發現，真正的力量並不來自外界的改變，而是來自於內心的穩定與確信。當內在世界改變，外在的一切便會開始流動。

內維爾在書中提到一個重要的觀點：「過去並非不可改變，因為記憶是主觀的。」這與許多心理學研究相符——我們的過去，不是單純的事實記錄，而是我們當下的詮釋。當我們用新的視角重新看待過去，就能改變它對現在與未來的影響。

我曾經指導過一位學員，她童年時常被批評「不夠好」，導致成年後總是害怕表現自己，不敢爭取機會。我帶領她運用內維爾的方法，透過想像力「回到過去」，讓她的內在小孩聽見全新的話語：「妳是獨一無二的，妳值得被愛，妳可以成功。」幾個月後，她的自信明顯提升，甚至勇敢地追求自己真正熱愛的事業。這並不是因為「過去的事實」改變了，而是她對自己的認同改變了，於是她的現實也隨之轉變。

這正是內維爾所說的：「沒有虛構，只有尚未顯化的現實。」當我們選擇不同的想像與詮釋，我們就在為新的未來鋪路。

內維爾在這本書中不只告訴我們「想像力很重要」，還提供了一套具體的實踐方式。他強調，顯化的關鍵不只是「視覺化」願望的畫面，而是進入「已經擁有」的感受狀態。

舉例來說，如果你渴望財務自由，與其在腦海中不斷重複「我要變得富有」，不如讓自己完全沉浸在「已經富有」的感受中，感受那份安心、自在與感恩。這種感受會影響你的行動、語言，以及態度，進而吸引對應的機會。

同樣地，如果你希望改善人際關係，與其關注「對方為什麼不理解我」，不如在內心先建立「我們已經和諧相處」的畫面，讓自己感受那份溫暖與信任。當你的內在狀態改變，對方也會在無形中受到影響，最終關係就會開始轉變。這正是內維爾所說的：「情緒是顯化的催化劑。」我們的感受，就像磁鐵一樣，會吸引與之共振的現實。

內維爾的思想並不僅僅停留在「獲得物質願望」的層面，而是帶領我們走向更高的靈性層次。他的「神聖應許」概念提醒我們，真正的顯化，不只是創造豐盛的生活，而是讓我們覺醒到——我們本來就擁有一切。

當我們透過想像力，開始主動創造人生，會發現自己不再是命運的受害者，而是世界的共同創造者。

我們不再只是為了得到某樣東西而努力，而是開始享受「成為創造者」的過程。在這個過程中，我們的靈魂會逐漸覺醒，開始體驗到內在的平靜、智慧與愛。

本書是一場關於心靈力量的深刻探索，也是一場關於人生可能性的實驗。它帶給我們的，不只是一套理論，而是一種全新的生活方式。

如果你過去曾經懷疑自己的力量，如果你曾經認為「現實就是這樣，無法改變」，那麼這本書將徹底改變你的信念。請記住——世界不是你看到才相信，而是你相信了才會看到。

願這本書能夠成為你人生轉變的契機，讓你透過想像力，創造你真正渴望的現實；並最終，超越物質的追求，找到屬於自己的靈性覺醒之路。

具名推薦

吳若權／作家、廣播主持、企管顧問

「現今你去，在他們面前將這話刻在版上，寫在書上，以便傳留後世，直到永永遠遠。」（以賽亞書 30:8）

對於數百位曾經寫信給我的人，我想要表達真摯的謝意，感謝你們告訴我如何透過想像力來為他人、為自己創造更大的福祉。希望能藉由彼此的信仰，互相鼓勵；而這一種信念，堅守了我們在想像中所看不見的真實世界。

由於篇幅有限，本書無法記載所有的故事。而在選擇和整理這些題材的艱巨工作中，露絲．梅森傑（Ruth Messenger）和茱琳妮．布蘭納德（Juleene Brainard）提供了不可或缺的幫助。

——內維爾

目錄 CONTENTS

推薦

第一章

唯一法則：想像創造現實

THE LAW: Imagining Creates Reality

「人完全是由想像所組成的。上帝就是人，存在於我們之中，我們也在祂之中……人的永恆本質就是想像，換句話說，就是上帝自己。」

——布萊克（Blake）

本書旨在藉由一些真實故事，展現想像如何創造現實。科學的進步，往往是透過假設來進行實驗，然後根據實驗結果來接受或拒絕這個假設。聲稱「想像能創造現實」這個觀點，其實不需要比科學更進階的驗證，在實際操作中，這種觀點本身就能夠證明其正確性。

我們所生活的世界，是一個由想像構成的世界；事實上，生活本身就是一種關於想像的活動。聖安德魯斯大學的莫里森（Morrison）教授曾經寫道：「對布萊克來說，世界起源於一種神聖的活動，而這與我們所知的想像活動是一致的。」他的任務是「打開人類不朽的眼睛，往內探索思想的世界，進入永恆，在上帝的懷抱中，不斷地擴展人類的想像力」。

想像的秘密

沒有任何事物，可以單純憑藉自己的力量持續存在。事件之所以發生，是因為穩定的想像活動創造了它們，也唯有這些穩定的想像活動持續得到支持，這些事物才能持續存在。道格拉斯．福塞特（Douglas Fawcett）曾提到：「**所有的問題當中，最難解答的是『想像的秘密』，而它也是神秘學者最渴望破解的謎。至高無上的力量、智慧與喜悅，都隱藏在這個謎題的遙遠解答之中。**」

當人們解開了想像的謎題，便發現了因果的秘密，那就是：**想像可以創造現實**。因此，了解自己在想像什麼的人，便知道自己在創造什麼；他們逐漸意識到，生活的戲劇性是想像的——而非物理的實體。

本質上，所有活動都來自於想像力。當想像力覺醒時，會有一個明確的目標，能夠創造並保留我們需要的東西，並改變或摧毀那些不需要的事物。

神聖的想像和人類的想像，實際上是同一種力量，而非兩種力量。區隔它們的差異，不在於實現過程中所依賴的具體物質或物品，而**在於想像力的多寡。當想像力滿盈時，想像的行為會迅速變成即刻（immediate）的客觀事實；而當想像力薄弱時，則需要一些時間才能實現。**

不過，不論多寡，想像力都是「源自最終、最根本非現實的客觀存在，然後從中創造出所有具體的物體和現象，像突如其來的幻想一樣」。沒有任何物體能完全脫離想像的影響。世界上的一切，可說都依賴於想像。

德國哲學家費希特（Fichte）寫道：「客觀的現實，完全是由想像力所創造。」我們有時會覺得物體似乎和我們的感知毫無關係，以至於忘記了它們的起源其實來自於想像。

我們所生活的這個世界，是一個想像的世界，人類透過想像，創造生活中的現實和環境，不管是有意或無意為之。

人們對這一份珍貴的禮物——人類的想像力——往往不夠重視。而且，除非我們意識到它，並願意好好運用，否則這個禮物就變得幾乎不存在。每個人都擁有創造現實的能力，但如果不好好地加以運用，即使擁有這種力量，也像是死去一般。人們生活在創造的核心，即人類的想像力之中，卻對其中發生的事一無所知，毫無覺察力。

未來根基於人類的想像力，並在創造過程中不斷推進。想像不僅僅是詩人、藝術家、演員及演說家的創造力來源，也同樣是科學家、發明家、商人及工匠的創造力來源。想像力的不當濫用顯而易見，包括無限制地創造令人不愉快或缺乏美感的事物或形象。

然而，過度壓抑想像力，同樣也會使人失去寶貴的實際體驗。想出新方法來解決越來越複雜的問題，遠比逃避問題更有價值。

生活就是不斷地解決那些不斷出現的問題。

想像力能夠創造實際發生的事件，因此人類的想像力塑造了這個現實世界，而這個世界充滿了無數相互矛盾的信念，不可能有完全穩定或靜止的狀態。今天所發生的事，必然會打破昨天建立的既定秩序。所以，具備想像力的人，總是會打破原有的平靜狀態。

不要屈服於眼前的事實並被其支配，也不要只單純依據外在世界來定義你的生活。要相信你內心的想像力比現實更為強大，要將一切事物都掌握在自己的想像之下，牢牢抓住你在想像中所設想的理想狀態。只有當你自己放棄了持續想像實現這個理想時，它才會從你的手中消失。**你應該想像的，是那些對你有價值，或是能帶來希望的狀態**。

真正的轉變

請先改變你內在的想像活動，若只是試圖改變外在的環境，就等於在與事物的本質對抗。只有先改變內在的想像，外在的改變才有可能發生。當你努力改變外在的事物，卻沒有改變內心的想像，便只是徒勞地調整表面罷了，唯有在想像中實現了願望，才會讓你與那個狀態產生連結，而在這種連結之中，你會根據新的想像來實際行事。這說明了，想像上的變化也會導致行為的改變。

然而，**當你經常在不同的想像狀態間快速變換時，這些變化就不算是真正的轉變，因為當你改變一個狀態後，隨即會回到之前的狀態，或一個相反的狀態。但是，當某個狀態變得特別穩定，成為你持續的情緒或慣常的態度時，那麼這個穩定的狀態就會定義你的性格，而這才是一種真正的轉變。**

要如何做到這點？**關鍵就在於放棄原先的自我（Self-abanconment）！而這就是秘密的所在。**

在心態上，你必須全心全力投入「願望已實現」這個狀態中，並愛上這個狀態，這樣才能真正地生活在新的狀態中，而不是舊有的狀態。人無法投入在自己不熱愛的事物中，因此，**真正的全心投入需要信念，並加上愛。信念就是相信那些看似不可相信的事物。**

全心投入到願望實現的感覺中，並相信這種全心投入的狀態會變成實際的現實狀態。而且，它一定會成為現實，因為想像創造現實。

讓想像進入願望實現狀態

想像力既是保守的，也具有變革性。

當它從記憶和感官經驗構建世界時，就是保守的狀態。

當它想像事物應有的模樣，並從豐富的美好夢想中創造世界時，便充滿了變革性。

在一系列影像畫面的流動中，**感官的影像通常具有優先的影響力**。然而，你現在所感受到的感官印象，只是一種影像，和記憶中的影像、願望中的影像，都是一樣的本質。

當前感官印象之所以如此客觀真實，是因為個體的想像在「其中」（*in*）

運作，並「從中」（*from*）思考；而在記憶中與願望中的影像裡，我們的想像力並未在其中運作並從中思考，而是從外部去想像並思考。

如果你想要實現自己的願望，首先要在想像中真正進入願望實現的狀態，並從那個狀態的角度去思考。唯有如此，你才會感受到創造性的變化，並實現你的願望，然後因此感到快樂。

每一個影像都有可能變成現實，但前提是你必須親自進入這個影像，並從中體驗，否則它無法應運而生。

因此，光是期待時光漸漸流逝，有天就能實現願望，是非常愚蠢的事。想要達成目標或願望，就必須全心投入於想像中，否則顯然無法實現。如果你只停留於單一的想像狀態，而不試著去探索其他可能的想像狀態，就會錯失實現其他願望的機會。

想像力就是「心靈感知」（spiritual sensation），**當你進入實現願望的影像中，要賦予它感官上的生動感和現實感**，就像你正在真實經歷這件事一樣。

想像一下，你手裡正拿著一朵玫瑰花，請聞一下，能聞到香氣嗎？即使這朵玫瑰花實際上並不存在，但為什麼你聞得到空氣中的香氣呢？

藉由這種心靈感知，也就是透過想像中的視覺、聽覺、嗅覺、味覺和觸覺，你可以賦予影像感官上的生動性。

若你如實照做了，一切事物都會協助你得到收穫，當你回頭一看，你會發現，在達成目標的過程中，有許多看似微妙的線索，引領著你實現目標。你永遠無法事先設計出這些方法，因為它們是透過你的想像過程，自然而然地顯化。

如果你渴望擺脫當前感官的固定狀態，想要將現在的生活轉變成可能的夢想，只需要想像自己已經實現目標，成為希望成為的人，並感受在這種情況下有所期望的感覺。那就像孩子們在玩耍時重塑自己的世界一樣，在純粹的美好夢想中創造出你的世界。在心裡進入你的夢想狀態，並想像現實生活中你會怎麼做。你會發現，實現夢想的方法不是靠金錢，而是靠著想像力。

實現夢想的唯一障礙是現實，而現實本來就是由想像力創造的產物。如果你可以改變你的想像，現實也會跟著改變。

修正過去的錯誤

人和自己的過去，是連續性的一體結構。這個一體包含了所有被保存下來的事實，而這些事實仍在我們的意識下持續發揮作用。

一些看起來似乎無法改變的過去，實際上仍活生生地存在著，仍然存在於當下。我們不能將過去的錯誤拋在腦後，因為沒有任何東西會真正消失，一切曾經存在的事物仍然存在，並且持續影響我們。人需要回到記憶中，找到並摧毀那些邪惡的根源，不論它們距離現在有多遙遠。這種回顧過去、在想像中再次演繹第一次就應該正確處理的場景，我稱之為「修正」（revision），而這種修正能夠改變過去錯誤的影響。

改變你的人生，就意味著改變了過去，而當前任何一種邪惡的根源，都源自於過去沒有修正的場景。過去和現在構成一個人的一體結構，蘊含著一切內容，而對這些內容的任何改變，都會導致現在和未來的變化。

活得高尚正直，心靈就能儲存值得回憶的美好過去。如果你做不到，那麼記住，**療癒的第一步就是「修正」。如果你能把過去重塑到現在，那麼經由修正的過去，也會在現在的生活中被重新創造。**否則，「你們的罪雖像硃紅，必變成雪白」（以賽亞書 1:18）這句話就會是一個謊言，但事實上並非謊言。

接下來各個故事的討論，是希望串連以下十四個章節的不同主題；雖然這些主題各自獨立，但始終互相關聯。

我希望這段解說能作為一條清晰的思路，把整本書的內容串連在一起，證明「想像創造現實」這個主張！

要提出這個主張相當容易，但要證明它在他人經驗中的有效性，卻相當困難。這本書的目的，是激勵你在生活中有建設性地使用這項「法則」。

第二章

住在其中

DWELL THEREIN

「天啊，我今天聽到一句話，說只有那些打算住在其中的人，才會建造一座宏偉的住所。那麼，有什麼比人本身更宏偉的住所呢？因為一切事物都在衰退，只有人的存在如此地宏大壯麗。」

——喬治・赫伯特（George Herbert）❶

我希望人類的崇高夢想能真的實現，但不幸的是，人類有一個常見的缺點——不斷地建造住所，卻總是延後居住。

既然要「建造一座宏偉的住所」，為什麼又不打算「住在其中」？為什麼建造一棟夢想中的房子，卻不實際地「住在其中」？

那些躺在床上卻清醒做著美夢的人，他們的秘密就在此。他們知道如何在夢中生活，直到這些美夢成了他們的現實生活。

藉由控制自己有意識的清醒夢境❷，人類就可以預先決定自己的未來，而這種想像的活動，即是在生活中抱持願望實現的感覺，這能引導人們跨越一系列事件，最終實現夢想。如果我們在夢境中生活——從夢中思考，而不是單純想著那場夢境——那麼想像的創造力量，將會回應我們對冒險的幻想，實現的願望將會意外地降臨，讓我們措手不及。

人完全是由想像組成的；因此，**人必須存在於自己所想像的地方，因為想像就等同於自己**。

其中很重要的一件事是，想像力並不僅僅依賴於我們的感官，也不局限於身體空間的物理限制。雖然人是運用身體在空間中移動，但不必因此受到限制，可以藉由改變自己所意識到的事物來移動。

---

❶英國文藝復興時期知名的宗教詩人、演說家和牧師，著有知名的詩集《聖殿》。生於威爾斯一個崇尚藝術的富有家庭，接受良好的教育，在劍橋大學及國會都擁有很高的地位。

❷有意識的清醒夢境（waking dream），在此書中，特別指有意識的清醒狀態下所經歷的特殊心理狀態，通常同時伴隨著強烈情感和視覺意象。雖然與真正睡著時的夢境不同，但這種在半清醒或全清醒狀態中經歷的想像過程，仍會有如夢境般的特殊感受。

即使眼前的場景看起來有多麼真實，人仍然能夠想像出從未見過的場景。如果有某一座山妨礙了人對理想生活的想法，人也可以在心理上「移除」這個障礙。這種在心態上將現實狀態轉移至理想狀態的能力，是人類最重要的潛能之一。

這顯示了人類作為一個充滿想像力的中心，擁有改變現實事件的干預力量，因此人類可以藉由一系列的心理轉變，不斷地成功改變自然、他人，以及自己。

不花一毛錢建造一棟大樓

有一位醫生和他的妻子，多年來「夢想著」擁有一個屬於他們的「宏偉住宅」，但直到真正想像住在其中之後，才確實實現了夢想。以下是他們的故事：

「大約十五年前，我和妻子購買了一塊土地，並在上面建了一棟兩層樓建築作為辦公室，也作為我們的居住空間。我們在土地上留了足夠的空間，計畫與建一棟公寓大樓，只要我們的財務狀況允許，就可以開始建造。

「多年來，我們一直忙著償還貸款，即使非常渴望建造這棟公寓大樓，但資金始終不足。

「雖然我們有一筆充足的積蓄，提供我們生活保障，但若將其運用於建造新公寓，這份保障就岌岌可危。

「但是，現在您的教導啟發了我們一個全新觀念，要大膽地告訴自己，只須透過對想像力的掌控，就能實現最渴望的事物，而實現願望的過程也可以『不必依賴金錢』。所以我們決定進行一項試驗，拋開對『金錢』的焦慮，將注意力集中在此生最渴望的事物上——新的公寓大樓。

「懷抱著這個原則，我們開始在心中建構自己想要的新公寓大樓，也實際畫了一張設計圖，這有助於我們更完善地想像自己完成結構的心理畫面。

我們始終記得，必須從終點出發思考——以我們的情況來說，就是完成一棟已經有人入住的建築物——我們穿梭於自己擁有的公寓大樓中，進行許多想像中的旅行，將一些單位租給了想像中的虛擬租户，仔細檢查每一個房間，並自豪地享受朋友們對我們獨特設計的各種讚美。

「在我們的想像場景中，我們特別邀請了一位朋友（我就稱她為X女士吧）。現實中，這位朋友因為覺得我們新的思維模式有些古怪，已有一段時間沒有往來，而在我們的想像場景中，我們帶她參觀了大樓，也詢問她覺得如何？我們清晰地聽到她回答說：『醫生，我覺得這裡很漂亮。』

「有一天，當我們在談論建築計畫時，我的妻子提到了一位承包商，他曾在我們社區附近建造了幾棟公寓大樓。然而，我們意識到，如果只沉浸於希望實現的終點，就不會去找承包商，而是立即忘了這個問題。我們每天持續進行這些想像練習，幾個星期後，覺得自己已完全『融入』在願望中，成功地生活在這個終點目標裡。

「有一天，有一位陌生人走進我們的辦公室，經由他的自我介紹，我們發現他就是幾個星期前我妻子提到的那位承包商。他帶著歉意的語氣說：『我不知道自己為什麼會來這裡，平常我是不會主動開發業務的，都是別人來找我。』他解釋說，他常經過我們辦公室，相當好奇角落那塊空地為什麼不建公寓大樓。我們肯定地對他說，我們也很希望能在那裡建造一棟公寓大樓，但欠缺投入這個專案的資金，甚至無法負擔幾百美元的設計圖規劃費。

「我們的消極回應並未讓他感到氣餒，反而開始思考並規劃這個專案要怎麼進行。這一切都在我們完全不要求、不鼓勵的情況下展開。幾天後，這位先生打電話來，讓我們感到驚訝的是，他告訴我們建築設計圖已經完成，而這棟建築的預估經費為三萬美元！我們禮貌地表達了謝意，卻沒有任何實際行動。

「我們知道，透過『沉浸於希望實現的終點（living imaginatively in the end）』，就已成功想像自己住在建築大樓裡，並深信想像力可以完美地建構出那棟建築，無需任何『外部』的協助。因此，當這位承包商第二天再次來電，告訴我們他找到了一套完全符合我們需求的藍圖，而且只有極少部分需要修改，可以省去重新設計的費用時，我們並不感到驚訝。我們再次表達謝意，也依然沒有採取任何行動。

「理性思考的人面對這種來自潛在客户的消極反應，就會徹底終結這個計畫。然而相反地，這位承包商兩天後再次來電，告訴我們他找到了一家願意提供貸款的金融公司，只剩下幾千元的資金需要自行籌措。這聽起來令人難以置信，但我們仍然沒有採取任何行動。記住，因為對我們來說，這棟建築早已完成並且出租了，在我們的想像中，我們一分錢都沒有投入。

「這個故事的後續發展，就像是上演了《愛麗絲夢遊仙境》的續集。承包商隔天就來到我們的辦公室，像是要送上一份禮物般地說：『你們一定會擁有那棟新大樓。我已經決定資助貸款金額不足的部分，如果你們認可，我會請我的律師擬定文件，你們可以用租金的淨利來償還這筆費用。』

「這一次，我們確實採取了一些行動！我們簽署了那份文件，然後就馬上施工了。在建築物完工之前，多數的公寓單位都已租出，剩下的那個單位，也在完工當天成功出租。對於過去這幾個月發生的、看似奇蹟般的事件，我們一直感到非常興奮，雖然一開始我們對這個看似不完美的情況有點困惑不解，但我們已經知道，透過想像的力量可以達成許多目標，所以便又立即想出了一個全新的想像場景。

「這次，我們沒有在想像中讓人去參觀那個空著的公寓單位，並聽到有人說『我們要租下它』，而是在想像中去拜訪已經搬入那個公寓單位的租客，請他們帶我們參觀房間，並聽到他們愉快且滿意的評價。三天後，那間公寓單位也租出去了。

「在每個細節上，我們最初的想像劇情都成真了，只有一個小細節還沒有實現，不過也在一個月後實現了。我們因朋友X女士突然來訪而感到驚喜，她向我們表達了想要參觀新大樓的心願。我們開心地帶著她四處參觀，而在參觀結束時，她說出了我們幾個星期前曾在想像中聽到的那句話，她鄭重地說道：『醫生，我覺得這裡很漂亮。』

「我們十五年來的夢想實現了。我們現在明白了，要是早一點明白想像的秘密，以及如何『沉浸於希望實現的終點』，我們的夢想早在十五年內就實現了。但現在，這個夢想實現了——我們一個巨大的願望具體地成真了。而且，我們一分錢都沒有投入。」

——M醫師

透過作為媒介的夢境——即一場經由掌控、有意識的清醒夢境——這位醫生和他的妻子創造了他們的現實。他們學會如何在夢想家園中生活，正如他們現實中的生活模式。雖然這些援助看似來自外界的力量，但實際上，事件的發展最終還是由這位醫生和他妻子的想像力所決定。其他參與者被引入他們想像的劇情之中，因為劇情正需要這種故事的進展，所以他們的想像架構要求這些元素參與其中。

「一切事物在神聖的法則下，
相互交融於彼此的存在之中。」

「睡」在那棟房子裡

接下來的故事，則是述說某位女士如何透過想像自己在「宏偉住宅」中入眠，以進行心態上的準備，也就是於想像中「住在其中」。

「幾個月前，我的丈夫決定出售我們的房子。我們前後討論過很多次，主要是想找一個夠大的房子，讓我們兩個人、我的母親、我的阿姨，還有十隻貓、三隻狗，以及一隻鸚鵡都能住在一起。

「你可能會覺得不可思議，但其實這次搬家是我丈夫提出的。

「他非常喜歡我的母親和阿姨，說我既然平常都在她們家，『乾脆大家一起住，而且還只需繳一筆稅金就好』。我非常認同這個想法，但我知道這個新家在大小、地點，以及格局上，都需要有特別的安排，因為我希望每個人都能有充分的隱私。雖然我當時對於出售房子的決定感到猶豫，但我選擇不與丈夫爭辯，因為我知道根據以往經驗，如果我心裡還『睡在』房子裡，房子就不會成功賣出。經過兩個月時間，以及四、五位房仲的嘗試後，我丈夫對於出售房子的事已灰心地『放棄』了，就連那幾位房仲也是。

「這時，我說服自己真的需要改變了，於是在想像中連續四晚在我們希望擁有的那種房子裡『入眠』。第五天，當我丈夫去朋友家拜訪時，遇到了一位『剛好』要尋找山區房子的陌生人。當然，他很快就被帶回來看我們的房子，看了一圈之後便說：『我要買下它。』

「這件事讓我們與那些房仲的關係變得不太好，但我一點也不介意，因為我很樂意將要支付給房仲的佣金留在自己家裡！十天內我們就搬離舊家，而在找到新家之前，就住在我母親家中。

「我們向每位日落大道區的房仲列出了需求（因為我不想搬離這個區域），毫無例外地，每位房仲都說我們簡直是瘋了。他們說，要找到一棟舊英式風格，附有兩個獨立客廳、多個獨立居住空間、一間書房，還得建造於一個平坦的山坡上，有足以讓大型狗活動並設置圍欄的空間，而且位置還得在某個特定區域的房屋，是完全不可能的事。當他們一聽到我們願意支付的價格之後，就顯得更加悲傷了。

「我說，這還不是我們全部的要求。我們還希望整棟房子都以木板牆面裝飾，有一個巨大的壁爐、一面壯麗的視野，還得要有隱私，最好沒有住得太近的鄰居，拜託了。每當我說到這裡時，那位女房仲就會咯咯地笑著，告訴我根本沒有這種房子存在，即使有，價格也會是我們預算的五倍。但是，我知道這棟房子確實存在著——因為在我的想像中，我已經住在其中了，如果我等同於我的想像力，那麼我本人早就『睡』在那棟房了裡了。

「到了第二個星期，我們已經走遍五家房仲公司。在第六家，我們遇到一位看起來有點焦慮的房仲先生。這時，一位始終未開口的房仲說：『你怎麼不帶他們去看看國王路上那棟房子？』而另一位夥伴則冷冷笑了一下，說道：『那個房地產還沒正式公告為可出售的房產，而且……那位老太太一定會把你們趕走。她那裡有兩英畝的土地，而且她是不會分開賣的。』

「我不知道她不分開賣的項目是什麼，但那條路的名稱引起了我的興趣，因為那是我最喜歡的區域。所以我提議大家不妨去看看，反正就當作娛樂吧。

「當我們沿著街道行駛，轉進一條私人道路時，來到了一棟兩層樓高的大型房屋前。這棟建築使用紅木和磚砌建造，外觀呈現英式風格，四周被高大的樹木圍繞，孤立地坐落在獨立的山丘上，屋內有許多可俯瞰下方城市的窗户。當我們走到前門時，我感到一種奇特的興奮感，而一位可愛的女士熱情地迎接我們，也友善地請我們進屋。在接下來的一兩分鐘內，我不認為我可以順暢地呼吸，因為我走進了這輩子見過最精緻的空間。

「實心的紅木牆面、高達二十八英尺的巨大磚砌壁爐，頂端是由紅木橫樑連接成的拱形天花板。這個空間簡直就是狄更斯小說中的場景，我幾乎可以聽到歌手站在樓上餐廳陽台上唱歌，而那裡還可以俯瞰整個客廳。一扇巨大的教堂式窗户，可以眺望天空、山脈，以及城市的壯麗景色，美麗的紅木牆面在陽光中閃耀著。她還帶我們參觀樓下一個寬敞的空間，裡面有一間相連的書房、獨立的入口，以及私人的露台。兩個樓梯通往一道長廊，走廊兩側分別有兩間獨立的臥室及浴室，而走廊的盡頭出現了——太好了——第二個客廳，它通往第二個露台，而這個露台被樹木和紅木圍欄圍繞。

「這棟房子就蓋在兩英畝大小的美麗土地上，我開始理解房仲那句『她是不會分開賣的』是什麼意思了，因為其中一英畝土地上有一個大型游泳池、一棟與游泳池相連的附屬建築，雖然和主屋完全分開，卻顯然附屬於主屋。我們確實覺得這是一個很難處理的情況，因為我們也不希望負擔兩英畝土地的高額稅金，以及與主屋隔著一個街區的游泳池。

「在我們離開之前，我再次經過那個宏偉的客廳，走上樓梯到餐廳的陽台。轉身，看到丈夫站在壁爐旁，手裡拿著一支菸斗，臉上帶著一種特別滿足的表情。我把手放在陽台的欄杆上，在那裡看了他一會兒。

「當我們回到房屋仲介公司的辦公室時，三位房仲已準備結束這一天的工作，但我的丈夫把他們留了下來，說道：『我們還是提出一個報價看看吧。也許她會願意分開出售這個地產。這樣我們也沒有什麼損失吧？』其中一位房仲一句話也沒說，就離開了辦公室；另一位則說：『這個主意實在太荒謬了。』而我們最初接洽的那位房仲則說道：『算了吧，這根本是不切實際的幻想。』我的丈夫平常不太容易生氣，但一旦被激怒了，地球上就沒有比他更固執的生物了。他現在被激怒了。他坐了下來，重重地拍打桌子，大聲吼道：『你的工作職責不就是提交報價嗎？』他們同意這確實是他們的職責，最後答應將我們的報價提給賣方。

「那天晚上——在我的想像中——我站在那個餐廳的陽台，往下看著站在壁爐旁的丈夫。他抬頭看著我，說道：『怎麼樣，親愛的，覺得我們的新家如何？』我回答說：『我喜歡。』然後繼續看著那個美麗的房間和屋內的丈夫，並『感覺到』自己的掌心握著陽台欄杆，直到入睡為止。

「第二天，當我們在我母親家共進晚餐時，電話響了，房仲用難以置信的語氣告訴我，我們剛剛買下了房子。而且屋主願意分割地產，將主屋及其所在的那一英畝土地賣給我們，而售價正好是我們的報價。」

——J.R.B.

「……夢想者常常在床上清醒不眠，
卻在夢中實現了夢想。」

一個人必須選擇依賴想像，或是依賴感官，當中沒有妥協或中立的可能。「不支持我的人，就是反對我的人。」當一個人與自己的想像（而不是感官）產生聯繫，就真正找到了現實的核心。

那些自稱「現實主義者」的人時常告誡我，人們光是想像夢想早已實現，根本無法真正實現夢想。然而事實上，**人們確實可以藉由想像夢想早已實現，進而實現夢想**，而這正是一連串故事所證明的。如果人們能夠真心投入到實現願望的感覺中，並在自己一手掌控的清醒夢境中自信地前進，那麼想像的力量就會實現那些充滿冒險精神的幻想，成真的願望最終會意外地降臨。

只要擁有足夠敏銳的想像力，就可以持續發掘日常事物的美妙之處，每天發生的事都能讓你不斷地獲得驚喜。留意觀察你自己的想像力活動，想像出比你所知道的更加美好的事物，並為自己和他人創造一個更美好的世界。**即使願望還沒有實現，也要像願望已經實現了般地生活，這樣就能縮短等待的時間**。這個世界是由想像力所構成，而不是被機械性的規律所主導。真正決定歷史進程的是我們的想像力，而不是盲目的命運。

第三章

倒轉時間的巨輪

TURN THE WHEEL BACKWARD

「哦，運用你強大的想像力倒轉時間巨輪吧，直到特洛伊城未被焚毀之時……所有的生命，不論是在哪一個時代中，都不過是不斷解決一個持續變化的問題的過程。」

——H. G. 威爾斯❸

我們永遠無法達到一種完全穩定或靜止的狀態，實際上達成的目標，一向會比個人最初設定的目標更多。反過來說，過程中也會創造出新的內在衝突，需要新的解決方案，也因此推動了人類走向創造性的演變之路。「在他的觸碰下，影響力無窮無盡，能讓所有事物朝向更廣闊的未來發展。」❹今天發生的事，必定會打亂昨天建立的秩序。當人們充滿了活躍的創造想像力，就一定會擾亂原先的平靜心境。

可能會有人提出這樣的問題：如何藉由將別人描繪得比實際狀態更好、在心裡重新改寫一封信，並使其符合我們的期望，或改動事件的場景、與雇主的面試情境等等，來改變那些看似無法改變的過往事實。但是，請記住，我對想像的主張是：**想像創造現實**。它可以創造，卻也可以摧毀。所以想像力不僅僅能保守地從記憶中的影像建構出生活，也具有創造性的變革力量，可以改變已經存在的現實。

「不義管家的比喻」❺提供了這個問題的答案。我們可以透過某種「非法」的想像練習來改變我們的世界，也就是**刻意改寫在心裡的事實，刻意針對我們的經歷進行想像上的改變**，而這一切都在我們的想像中進行並完成。

---

❸ H. G. 威爾斯（Herbert George Wells, 1866-1946），被譽為「科幻界的莎士比亞」，與法國科幻作家凡爾納並稱為「科幻小說之父」，創作的科幻小說《時間機器》中的概念，對該領域影響深遠，成了二十世紀科幻小說的主流議題。

❹ 出自喬治．梅雷迪斯（George Meredith）的《色彩讚歌》。

❺ 源自《新約聖經》中的〈路加福音〉，是耶穌用來講述智慧、道德選擇，以及財富管理的故事。不義管家因浪費主人的財產被解雇，他在失業前巧妙減少了債務人的債務，以贏得他們的感激。儘管他的做法不誠實，被主人譴責為「不義」，但仍讚賞他的機智和策略，顯示了智慧在困境中的價值。

這是一種虛偽的行為，但不僅未被譴責，還在福音教義中得到了實際肯定。藉由這種虛假的行為，這個人不僅消除了邪惡根源，還結交了朋友。根據不義管家得到主人高度讚揚的事實，就足以證明他值得他人的肯定與信賴。

由於想像可以創造現實，我們可以將修正的概念做到極致，甚至有能力徹底改寫過去的經歷，包括那些本來不可饒恕的事物。我們學會分辨人的本質——即完全依賴想像的我們——以及可能經歷的各種心理狀態。看到別人的困境時，一個不義的管家會在心中把對方描繪成他應該被看待的樣子。如果他自己也身處困境，就會在想像中進入自己的夢境，想像自己會看到什麼、情況會是什麼樣子、人們會怎麼反應——就像「事情應該會是這樣」的狀態。然後，他會在這種狀態下入睡，感受自己在這種情況下預期的感覺。

希望所有的主的子民都能像這些「不義的管家」一樣——**在心裡改寫現實生活中的事實，以持續為他人帶來解脫或救贖**。

因為想像中的變化會不斷地進行，直到這種改變模式在達到高成就時實現。我們未來的情況，取決於現今想像活動的結果。所以，**請你想像比你所知道的最好狀態更好的情景。**

重新編寫一封信

修正過去，就是用新的內容重新建構它。**人們應該每天重溫自己希望再重來的那一天，調整一下場景，使其符合自己的理想。**

舉例來說，假設今天的郵件帶來了令人失望的消息，那麼你就重新改寫那一封信，在心裡重新改寫，讓信件內容符合你希望收到的消息。然後，請在想像中一遍又一遍地重複閱讀這封修改過的信，這樣會讓你感受到這些內容有如自然發生的一樣，而**當我們在行為上感到自然時，想像的行為就會變成事實**。這就是修正的本質，修正結果會讓舊有的狀態從此不存在，而這正是F.B.所做的事：

「七月底，我寫信給一位房仲，表達我希望出售一塊土地的想法；這塊土地對我來說已造成經濟上的負擔。在對方消極的回覆中，列出了該地區銷售停滯的所有原因，並預測要到明年年初才會好轉，過程會相當漫長。

「星期二收到他的信之後，我在想像中將這封信重新編寫了一次，改成這位房仲迫不及待要接下我的地產銷售業務。我一遍又一遍地閱讀這封修改過的信，甚至擴展了我的想像劇本，運用了你在《播種與收穫》一書中提到的四個強大的想像角色——製作人、劇作家、導演和演員。

「在我的想像場景中，作為製作人，我設定了一個主題情境：『這塊土地以帶來利潤的高價售出。』作為劇作家，我則創作了這一個簡單的場景，對我來說，這意味著實現了目標：站在房仲公司的辦公室裡，我伸手與房仲握手，說道：『謝謝您，先生。』他回應說道：『與您的合作非常愉快。』作為導演，我則是要自己以演員的角色一遍遍地反覆排練，直到這個場景變得生動真實為止，並感受到負擔被實際解除時的解脫感。

「三天之後，我之前聯繫的那位房仲打電話給我，說他收到了一筆符合我期望的購地訂金。隔天，我在他的辦公室裡簽好文件，伸手和他握手，說道：『謝謝您，先生。』那位房仲則回應說道：『與您的合作非常愉快。』

「在我建構並演練那個想像場景的五天後，它變成了現實生活中的一幕，並且逐字逐句地重現我在想像中曾經聽到的對話。那種解脫和喜悅並非來自於成功出售了土地，而是因為這證明我的想像劇情真的管用。」

——F.B

如果上述現實生活中所完成的事只是順理成章的必然，那編導演的過程豈不是太徒勞了！但是，F.B. 發現了自己內心的一種力量，讓他能夠有意識地創造出環境。

透過心理上的改寫或重塑現實，人們能夠從被動的反應轉變為主動的創造。這樣不僅打破一種循環局面，還可建立一個逐漸擴展的未來。如果人們無法完全依照自己的意圖創造，是因為對自己的願景不夠忠實，或者只單純思考自己渴望的事物，而不是將實現願望的狀態作為出發點。

人是一種非凡的綜合體，既受到感官的束縛，又同時擁有做夢的自由，因此內心存在著持續不斷的衝突，而個體的內在衝突會顯現於社會關係中。

生活是一場浪漫的冒險。以創造性的方式生活，針對日益複雜的問題想像出新穎的解決方案，比起壓抑或消滅慾望，無疑是更為高尚的事。所有的渴望都可以藉由想像來實現。

如願獲得了另一半

「你是否希望身處夢境之中，卻又不入睡呢？」**每晚睡覺前，試著重新修正你的一天。試著清晰地想像並進入那個修訂後的場景，而這個場景將是你問題的解決方案。**

這個經由修正的想像結構，或許會對其他人產生重大影響，但這不是你該關切的重點。在以下的故事中，這個「他人」對這種影響深表感激之意。

E太太寫道：

「去年八月，在一次『相親』中，我遇到了想要結婚的人。他完全符合我對丈夫的所有期待。在這個夢幻般的夜晚之後過了兩天，我因工作需求而不得不更換住所；同個星期內，介紹我們認識的共同朋友也搬離了這座城市。我這才意識到，我遇到的那個男人可能根本不知道我的新地址；坦白說，我也不確定他是否知道我的名字。

「在你上一場講座後，我曾和你討論過這個情況。雖然我還有多個『約會對象』，卻無法忘記這個男人。你那場講座的主題是如何修正我們的這一天，而在結束和你的對話後，我決定每天都要反思如何修正我的這一天。

「當天晚上睡覺前，我感覺自己躺在另一張不同的床上，但卻是在我自己家中。我像是一個已婚女性，而不是和另外三個女孩合租公寓的單身上班族。在我的想像中，我不停轉動著左手無名指上的一個婚戒，不斷地對自己說：『太棒了！我真的成為J.E. 太太了！』然後，我上一秒仍處於清醒夢境的狀態中，下一瞬間就睡著了。

「此後，長達一個月的時間，我每天晚上都重複這個幻想場景。

「十月的第一個星期，他『找到』了我。而在我們的第二次約會中，我就知道我的夢境在現實中得到了驗證。

「你的教導告訴我們，要活在願望實現的終點，直到那個願望變成『事實』為止。雖然我不知道他對我的感覺，但每天晚上，我仍持續感受著夢想實現的那種狀態。

「結果如何呢？十一月時，他求婚了。一月時我們向大家宣布訂婚消息，五月我們就結婚了。然而，最美妙的部分是，我比我曾經夢想的狀態更幸福，而我心裡深信他也是如此。」

——J.E. 太太

J.E. 太太大膽運用自己的想像力，不是保守地使用——透過純粹的美好夢想，她構建了自己的世界——也不是利用記憶所提供的畫面，然後她最終實現了自己的夢想。

常識會依賴過去記憶中的東西，然而，如此只會延續她生活中的缺乏狀態，想像力則能從幻想中創造她真正想要的東西。每個人都應該完全依賴想像的層面，這需要大家有意識且有意地進行。

「……情人和瘋子的腦袋裡，總是充滿著激烈的思維、塑造幻想的能力，因而有些事物往往超過冷靜的理性所能理解的範圍。」

如果我們花在修正的時間得到充分利用，就不需要擔心結果了——我們最美好的希望終會實現。

「地球，你真實存在嗎？那我呢？我們存在於誰的夢境之中？……」

那是一個幸福的家庭

任何事物都沒有固定不變的永久性。

過去和現在之所以能繼續存在，是因為在某種程度上，我們用想像來維持它們；而且，只要我們修正生活中不理想的部分，生活終將有徹底轉變的可能。

針對這個影響的主題，R.S. 先生在他的信件中提出了質疑：

「在你們進行系列講座期間，我遇到了一份信託契約的收款問題。擔保物是一棟房子和土地，但因為沒有好好維護，變得破舊不堪。屋主顯然把錢都花在酒吧裡，家中兩個分別為九歲和十一歲的小女孩也沒獲得妥善照顧。

「不過，忽略這些外在情況，我開始在想像中修正這個現況。在想像中，當我開車載著妻子經過那棟房子時，我對她說：『妳看那院子多漂亮啊！真是整潔，被照顧得真好。這些人真的展現了他們對這個家的愛，我們再也不必擔心這份信託契約了。』我會在腦海中『看到』我希望看到的房子和土地狀態——如此美麗的地方，為我帶來溫暖和愉悅的感覺。每當我想到這個房產時，就會重複這個想像場景。

「我進行這種修正練習一段時間之後，住在那棟房子裡的女人出車禍住進醫院，而她的丈夫不見人影，孩子們則由鄰居照顧。我曾有一股衝動，想去醫院探視這位母親，讓她知道必要時我能提供幫助。

「但是，我怎能這麼做呢？因為在我的想像場景中，她和她的家人們是那麼的幸福、成功，也顯得相當滿足。於是，我什麼都沒做， 樣每天進行我的修正練習。

「不久後，這位女士和她的兩個女兒消失了，但該房產的支付款項卻正常寄來了。

「幾個月後，她再次出現，帶著一張結婚證書和一個新丈夫。到目前為止，他們都準時支付所有款項，兩個小女孩顯然相當幸福，也得到很好的照顧，而他們對房產進行了擴建，增加了一個房間，為這份信託契約提供了一份額外保障。

「可以好好解決問題，不需要威脅、不需要不友善的言語、不需要驅逐，或擔心那些小女孩，真是太好了！但是在我的想像中，是否有什麼原因導致那位女士進了醫院呢？」

—— R.S.

任何透過我們的專注而讓目標變得更強烈的想像活動，會超越我們當前的控制範圍，但我們應該讓這些想像活動自行發揮作用，它可以有創意地適應並調整，找到實現的方法。

想像過程中，如果我們更關注於它對現實所產生的影響，而不是清楚地專注於我們想要達到的目標終點（end），那麼，我們針對想像所做的努力，就會變成一種意志的抗爭，原本美好的想像藝術就會被扭曲成一種壓迫。

在鞦韆上越盪越高

我們埋藏在心底的過去，通常比我們表面思維能夠觸及的範圍來得更深。但幸運的是，以下這位女士不僅記住了，也證明了「已經創造」（made）出來的過去，可以透過修正來「撤回」（unmade）。

「我曾經有長達三十九年的背痛，這疼痛時好時壞，但從未完全消失。我的情況相當嚴重，到了幾乎需要不斷接受治療的程度。雖然醫生會暫時調整我的髖關節，但疼痛總是無法完全消除。

「有一天晚上，我聽到你談到修正的方法，心裡想著，這個快四十年的問題是否也可以進行修正。我記得在三、四歲時，曾經從一個非常高的鞦韆上摔下來，造成嚴重的髖部傷害，讓我的身體狀況變得很糟糕。從那時候開始，我就不曾擺脫過這種疼痛，雖然花了很多錢想緩解，卻都無濟於事。

「今年八月，疼痛變得更加劇烈。於是，有一天晚上，我決定嘗試修正那『歷史久遠』的意外，這場意外在我的成人生活中造成無盡的疼痛，且花費了昂貴的醫療費用。過了好幾個夜晚之後，我才終於能『感覺到』自己回到童年的遊戲時光。

「我成功了。某一天晚上，我確實地『感覺到』自己坐在那個鞦韆上，感受到鞦韆盪得越來越高，微風從身旁掠過。當鞦韆慢下來時，我輕鬆地向前跳了下來，雙腳穩穩地踩在地面上。在這個想像的場景中，我跑去找我的媽媽，堅持要她來看看我能做的事。我又再次從鞦韆上跳下來，兩隻腳安全落地。我一遍遍地重複想像這個動作，直到我在動作進行中入睡。

「兩天內，我的疼痛感開始減輕，而兩個月內，疼痛完全消失。一個困擾我超過三十九年、花了我高額費用的問題，已不復存在。」

—— L.H.

正是那一把修訂的剪刀，為我們帶來豐碩的果實。人和他的過去，是連續性的一體結構，包含了所有被保留的過去，而這些過去仍在我們感官無法察覺的地方，影響著我們的現在及未來。這個一體結構帶著一切過往經歷，任何改變都會導致當前和未來的變化。

首要的治療步驟就是「修正」。如果過去可以被重塑為現在，那麼修正過的過去也同樣可以影響現實。因此，修正後的過去會重現在她目前的生活中；帶給她幸運的不是命運，而是修訂過的過去。

將結果與成就視為真正想像力的關鍵測試，你的信心就會隨著修正過程中的實驗與實際經驗而逐漸增強，更會相信想像力能夠創造現實。只有經過這個實驗過程，你才能真正體會到覺醒和控制想像力的潛在力量。

「你欠我主人多少錢？」管家說。「一百桶油。」他對他說。「把你的帳單拿來，趕快坐下來寫下五十桶！」這個不義管家的比喻告訴我們，**要在心裡虛構事實，改變已經存在的情境**。藉由這種想像中的虛假，人們可以「結交到朋友」。

每天結束時，在心裡修正生活中的事實，讓它們成為值得回憶的事，如此明天就會接受這個修正的模式，並持續發展，直到實現我們所期望的成就。

讀者會發現，跟隨這些線索是很值得的事——也就是在想像中建構出實現願望的場景，並在這些場景中主動參與，直到感覺就像真實的一樣。我們正在探索想像的秘密，就是人在覺醒的過程中，進入一個完全受到自己想像力所影響的世界。

人們通常能夠理解事件的重複性（也就是用記憶中的畫面來建構一個世界），在不變的事物中，為人們帶來因事物的穩定性而產生的安全感。然而，當他意識到自己的內在擁有一種力量，能夠覺醒並隨心所欲地徹底改變自身狀態、環境，以及生活條件時，反而會讓他感到不安，對未來充滿可怕的恐懼。**現在，「是時候從沉睡的夢境中醒來了」，結束所有不美好的創造之夢，每一天都要進行修正。**

「運用你強大的想像力倒轉時間的巨輪，直到特洛伊城未被焚毀時。」

第四章

超越虛構的邊界

THERE IS NO FICTION

「真實與虛構之間的邊界相當模糊，最終也難以穩固地劃分……所有存在的事物，從可理解的角度來看，都可以說是虛構的。」

——約翰・S・麥肯齊（John S. MacKenzie）❻

沒有任何事物是虛構的。如果一種想像活動能產生物理上的實際效果，那麼在本質上，我們的物理世界必然是想像出來的。要證明這一點，只需要觀察我們的想像活動，看看它們是否會產生相應的外部效果。

如果是的話，那麼我們肯定會得出一個結論：沒有任何事物是虛構的。今天的想像劇本——即虛構的事物——將變成明天實現的事實。

如果我們擁有一種更為廣泛的因果觀念——也就是說，因果關係存在於心理層面，而不是物理層面——那麼，我們的心理狀態就能夠影響這個物理世界，也更能意識到自己作為創造者的責任，並且只會想像出最美好的事物。

人們相信現實存在於四周看得到的固態物體中，認為生命中的戲劇性事件之所以起源於這個世界，是由先前的物理事實瞬間產生的。然而，因果關係並不存在於外在的現實世界中。生命中的戲劇性，根源都在於人類的想像力。生命中真正的轉變，都發生在我們的「內在」（within）想像之中，而不是在「外在」（without）的現實世界中。

接下來的故事，可以將「因果關係」定義為一系列心理狀態的組合，而這些心理狀態的存在和發展，會創造出它們所暗示的現實結果。

故事成真

沃爾特．勞德（Walter Lord）的著作《一個難忘的夜晚》，書中的序言

❻ 英國哲學家，於格拉斯哥、劍橋和柏林接受教育。曾於愛丁堡擔任研究員，隨後擔任劍橋大學三一學院的研究員。

說明了我的觀點，即「想像創造現實」（Imagining Creates Reality）。

「一八九八年，當時一位尚未成名的作家摩根．羅伯森（Morgan Robertson）創作了一本小說，描述一艘有史以來規模最大、載滿自滿富人的豪華大西洋郵輪，在一個寒冷的四月之夜撞上冰山，並就此沉沒海底。在某種程度上，這種情節顯現了一切事物的徒勞無功，而事實上，這本書在當年出版時即被命名為《徒勞無功》，由曼斯菲爾德出版社出版。

「十四年後，一家名為白星航運公司的英國船公司，建造了一艘規模與羅伯森小說中郵輪極為相似的蒸汽客輪，排水量為六萬六千噸；羅伯森的則為七萬噸。

「真正實體的船隻長達八百八十二點五英尺，而虛構小說中的船隻長度為八百英尺。兩艘船隻都能乘載大約三千人，同樣配置了只夠少數乘客使用的救生艇。然而，儘管如此，兩者都宣稱自己『強大得無可撼動』！

「一九一二年四月十九日，這艘新郵輪從英國南安普敦首航，終點為紐約。船上的貨物包括一本珍貴無價的《魯拜集》❼，還有總資產達二點五億美元的眾多乘客。這艘船同樣撞上冰山，在一個寒冷的四月之夜沉沒海底。

「羅伯森將他的船隻命名為泰坦號（the Titan），而白星航運公司則將蒸汽客輪命名為鐵達尼號（the Titanic）。」

如果摩根．羅伯森能意識到「想像創造現實」這件事，知道今日的虛構將成為明天的事實，他還會寫出《徒勞無功》這本小說嗎？

叔本華寫道：「在悲劇災難發生的瞬間，我們比以往更清楚地確信，人

---

❼《魯拜集》是世界文學名著，原為波斯詩人、天文學家和數學家奧瑪珈音（Omar Khayyam），以波斯文寫成的四行詩，經十九世紀文學家費氏結樓譯成英文，震撼文壇，成為以翻譯留名英國文學史的特例。

生是一場惡夢，而我們必須從這一場夢中醒來。」但這場惡夢，就是由沉睡中的人類想像力所造成。

想像活動與具體顯現的狀態之間，可能有一段距離；未被觀察到的事件，也只是表面的現象。

一如在這場悲劇中所見，因果關係存在於另一段時間之中。遠在事件發生的現場之外，所有人都無法觀察或察覺羅伯森的想像活動，而他就像是一位科學家，在控制室中操控著一顆可以穿越時空的導彈。

誰描繪畫作、創作劇本或書籍，
讓其他人在床上安睡時閱讀，
而這些人或許遠在世界的另一端——
在他們忽視他作品的時候。

他的作品對於沉睡中的他來說，
幾乎像是死了一樣不存在；
創作者怎麼可能知道那些遙遠而無法感知的生活？
怎麼可能知道他的思想激發了什麼樣的思考，
又怎麼可能知道他對他人生活的影響，
或哪些與他有關的爭論——
有的是批評，而有的是讚美？

那麼，哪一個他更有生命力呢？
是那個沉睡中的他，
或者是那個在其他地方（或多處）
保持警覺的活躍精神，
使得他人難以安然入睡的他？

究竟哪一個才是真正的「他」
——是那個沉睡中的「他」，
或是那個他無法感知或看到自己的「他」？

（塞繆爾・巴特勒（Samuel Butler））

具備豐富想像力的作家，傳達的不是他們對這個世界的看法，而是這種看法下所產生的態度。在即將去世前，凱瑟琳・曼斯菲爾德（Katherine Mansfield）❽這樣告訴她的朋友奧拉治（O rage）：

「人生中有多少種面向，就會有多少種面對人生的態度，而這些面向也會隨著態度而改變……如果我們能改變自己的態度，就不僅能以不同的方式看待人生，人生也會變得不一樣。因為我們自身的態度變化，人生的外在表現也會隨之改變……當我們能夠察覺到人生中不同的新模式時，就體現了我所說的，一種對人生的創造性態度。」

布萊克寫道：「以現代的觀點來看，先知從未存在過。再以現代的觀點來看，約拿並不是一位先知，因為他對尼尼微城（Nineveh）傳達的預言並沒有實現❾。

「每一位誠實的人都是先知；他表達了自己對私人及公共事務的看法。因此，如果你繼續這樣做，就會是這樣的結果。他從未說過，不論你做什麼，某件事情都將會發生。先知是一位預言家，而不是任意行事的獨裁者。」

先知存在的意義，並非告訴我們什麼是不可避免的事，而是告訴我們：藉由持續的想像活動，可以建造出什麼事物。

---

❽紐西蘭裔英國短篇小說家、現代主義文學的偉大作家之一。童年在紐西蘭的自然美景與維多利亞式的文化薰陶下度過，十五歲時離家至倫敦，並開始創作短篇的散文和詩歌。

❾神差遣先知約拿至尼尼微城傳達「預言」，告知尼尼微城的居民們，其罪惡將導致神的懲罰；當他們悔改了，神也因此改變決定，並未摧毀這座城市，而這使得約拿的預言落空，他因此感到不滿和困惑。

越做越好的舞蹈事業

人類的想像活動決定了未來，而這些想像活動顯現在創造過程中，就像「你躺在床上時的夢境和腦海中的幻想」一樣被清楚看見。「願主的百姓都成為先知」這句話真正的意義，就像下面這位舞者，他已經達到理想的巔峰，卻仍然朝著更高的目標邁進。

當你讀完這個故事之後，就會理解他為什麼這麼有自信，相信能掌控和預見自己想要的那種物質世界的未來，以及為什麼他也同樣確信，其他人也能使想像中的東西變成現實，並且相信除了想像之外，什麼都不存在，所有的現實都源自於想像。

除了想像所支持的東西之外，沒有什麼能夠持續存在。「……心靈能夠創造物質，人們可以創造出自己的星球，創造出比過去更光輝的存在，並賦予其形式，以超越一切肉體的生命。」

「我的故事開始於十九歲那年，當時我是一個小有成就的舞蹈老師，並且穩定工作了近五年。直到有一天，我遇到了一位女士，她說服我去聽你的講座。一聽到你說『想像創造現實』時，覺得這個觀點非常荒謬。然而，我決定接受你的挑戰，並試著證明你的論點是錯誤的。

「我買了你的書，也讀了很多次。儘管我還是不相信，但依然定下一個相當具有挑戰性的目標。當時我在亞瑟．穆雷舞蹈工作室擔任舞蹈老師，目標是取得該工作室的加盟權，成為舞蹈工作室的負責人！

「那似乎是世界上最不可能的事情，因為加盟權實在太難取得，而且更糟的是，我完全沒有這個經營規模必備的資金。儘管如此，我每天晚上都在想像中假設自己的願望早已實現，進入夢鄉時，我想著自己正經營著一家舞蹈工作室。

「三個星期後，有一位朋友從內華達州的雷諾（Reno）打電話給我。他是當地穆雷舞蹈工作室的經營者，說自己無法獨自應付所有工作。他給了我一個成為合作夥伴的機會，我非常高興，高興到迫不及待地借錢前往雷諾，完全忘了你，和你所說的關於想像力的故事！

「我和我的夥伴努力地工作，也取得了不錯的成績。但是過了一年後，我仍覺得不滿足，想要更多。我開始思考如何再開一家舞蹈工作室。不過，費了許多力氣都沒成功。有一天晚上，我上床睡覺時，感覺心情有些焦躁，決定看書。當我在書架上翻找時，看到了你的書，突然想起當時那些『荒謬的胡說八道』，就發生在我還沒有自己的舞蹈工作室的一年前。擁有屬於自己的舞蹈工作室！像觸電了一樣，這幾個字讓我振奮起來！那個晚上之後，我重讀了你的書好幾次，在我的想像中，我聽到我的上司讚揚我們在雷諾分部做得很棒，並建議我們再開另一家舞蹈工作室，而我們如果想要擴展業務，他已經準備好另一個地點。每一晚，我都不斷地重複這個想像中的場景。這個想像中的劇本從第一晚開始進行，三個星期之後，一切就完全按照我的想像實現了，情景幾乎一模一樣。我的夥伴接手了在貝克斯菲爾德

（Bakersfield）的新舞蹈工作室，而我則獨自經營在雷諾的舞蹈工作室。現在我對你的教導深信不疑，再也不會忘記了。

「現在我想將這種奇妙的知識——關於想像的力量——與我的員工分享，但我無法說服很多人。儘管如此，因為我的努力，還是有一件非常特別的事情發生了。有一位年輕的老師告訴我，他相信我的故事，但他認為這些事情最終都會在時間的推移中自然發生。他堅持地說，那一整個理論都是胡說八道，但如果我能告訴他一件不可思議的事不僅會確實發生，還能讓他親自見證，他就會相信。我接受了他的挑戰，並設計了一個非常奇妙的考驗。

「在整個亞瑟．穆雷舞蹈工作室的企業中，雷諾工作室最不起眼，因為這座城市的居民人數較少。全國有超過三百個亞瑟．穆雷舞蹈工作室，大多數地區的人口都相對較多，有更大的潛在客源。所以，我的考驗如下：我告訴那位老師，在接下來的三個月內，在全國舞蹈大會上，這間小小的雷諾舞蹈工作室將成為最受關注的話題。他冷靜地表示這是完全不可能的事。

「當天晚上，當我上床時，我感覺自己站在一群龐大的觀眾面前。我正在講述『創造性想像』這個主題，感受到自己站在這麼多觀眾面前的緊張感，也感受到受觀眾喜愛的美妙感覺。我聽到了熱烈掌聲，而當我要離開舞台時，看到了穆雷先生親自上前來和我握手。每一晚，我都重演這一整個場景。當這個場景開始呈現出『現實的色調』時，我便知道我要再次成功了！

「最後，我的想像劇本完全實現了，而且每一個細節都一模一樣。

「我這個小小的雷諾舞蹈工作室成了『熱議話題』，而且我也確實出現在舞台上，就像我在想像中所做的一樣。

「但是，在這個難以置信卻真實發生的事件之後，那位挑戰我的年輕老師仍然不信服。他說這一切都發生得太自然，而他也確信這些事勢必發生！

「我並不介意他的態度，因為他的挑戰又給了我另一個機會，至少我對自己證明了想像確實可以創造現實。從那時開始，我持續努力實現我的雄心壯志，我要擁有『世界上最大的亞瑟·穆雷舞蹈工作室！』每一晚，在我的想像中，我聽到自己接下一座大城市工作室的加盟權。三個星期內，穆雷先生打電話給我，希望我接下一個擁有一百五十萬人口的大城市的工作室！

「現在，我的目標是讓我的工作室成為整個企業體中最偉大、也是最大的一個單位。當然，透過我的想像，我知道這件事終將會實現！」

——E.O.L., Jr.

道格拉斯．福塞特曾寫道：「想像，或許難以掌握、捉摸，因為它像水銀一樣，在每次的變化中消失，從而顯示其變化魔力。」

我們必須超越物理狀態的事實，去尋找這種創造現實的想像。

一年來，E.O.L., Jr. 即沉浸在自己的這種變化中，幸運的是他想起經營舞蹈工作室之前聽到的那些「荒謬的胡說八道」，並重新閱讀了那本書。**人類層面的想像行為，需要一定時間的發展，但不論是印刷下來的文字，或是隱藏在隱士胸懷中的想像，最終都會隨著時間實現。**你可以自我測試，就算只是出於好奇。你會發現，「先知」其實就是你自己的想像，並且會明白「沒有什麼事物是虛構的」。

「我們無法確定，是否正是某位在酒桶旁辛勞踩著葡萄的女人，啟動了人們心靈中的微妙變化……或者，那一股促使眾多國家陷入戰火的激情，是否源自於某位牧童心中那一瞬間激起的熱忱，接著才蔓延開來。」

——威廉・巴特勒・葉慈（William Butler Yeats）[10]

沒有什麼事物是虛構的

沒有什麼事物是虛構的，想像力會在我們的生活中實現。

「我預先告訴你們，叫你們到事情成就的時候就可以信。」（約翰福音 14:29）「用呂高尼的話大聲說：『有神藉著人形降臨在我們中間了。』」（使徒行傳 14:11）

只不過人們已陷入沉睡，沒意識到可以透過想像取得強大力量。

「衆神的夢境是真實的，

他們在長久不朽的夢中愉悅地徘徊。」

有一位作家E.B.，她充分意識到「今天的虛構可以變成明天的事實」。

她在以下的這封信中寫道：

「某一年春天，我完成了一部中篇小說，將它賣掉之後就忘了。直到幾

❿ 愛爾蘭詩人、劇作家，神秘主義者，為愛爾蘭凱爾特復興運動的領袖，也是艾比劇院的創建者之一。在開始進行詩歌創作之前，已嘗試將詩歌和宗教觀念、情感結合。早年的詩作通常從愛爾蘭神話和民間傳說中取材，第一部公開出版的作品是《摩沙達：戲劇化的詩》。

個月後，我才好好地坐下來，緊張地將我虛構小說中的一些『事實』，和我生活中的一些『事實』進行比對！請先閱讀我創作故事的簡要大綱，再與我的個人經歷進行比對。

「我故事中的女主角進行了一趟旅行，精確地說，她來到佛蒙特州（Vermont）的一個小城市斯托（Stowe）。當她抵達目的地時，面對了同行旅伴讓她感到不愉快的行為，她要不就繼續自己一貫的生活模式，即讓他人的自私要求主宰她；要不就打破模式，就此離開。最後她選擇了打破這個模式，回到了紐約。當她回到紐約之後（故事繼續下去），這事件發展成了求婚情節，而她也快樂地接受了對方的求婚。

「而我自己的故事，則隨著一些小事件，讓我想起自己筆下的故事內容，並發現那與我的自身經歷有重要關聯。以下就是我所經歷的事情！

「我收到一位朋友的邀約，邀我一起去她在佛蒙特州的渡假別墅渡假。我接受了這個邀約。一開始得知她的『夏季渡假屋』在斯托時，我並沒有感到特別驚訝。當我抵達後，發現這位女主人處於極度緊張狀態，於是意識到自己正面臨著一個選擇：選擇過一個糟糕的夏季，或是選擇將她『拋下』。以前，我從未有足夠的勇氣忽視所謂的責任、基於友誼的要求等——但是，這一次我做到了，我果斷迅速地直接回到了紐約。在我回到家的幾天後，我也和故事中的女主角一樣，被求婚了。但是，到了這個時候，現實生活與小說即將要分道揚鑣。我拒絕了對方的求婚！但是我明白了，內維爾，根本沒有什麼事物是虛構的。」

——E.B.

「綠色的地球會遺忘，唯有神祇永恆地記憶……正是透過他們的偉大記憶，神祇得以被人們認識。」——（《北歐神話》）

結局會忠實地反映想像的根源——我們現今所收穫的，是被忽視或遺忘了花期的果實。在生活中，事件看來不一定會發生在最初播種的地方，因為我們可能辨識不出哪些結果源自於自己曾經付出的努力。事件的發生源自於隱藏的想像活動，而人類擁有自由想像渴望的能力。這就是為什麼儘管面對那些宿命論者，以及錯誤預言末日的先知，所有覺醒的人仍能清楚地知道自己是自由之人，因為他們正在創造現實，而這是否有《聖經》經文可以支持呢？有的：「**後來正如他給我們圓解的成就了。**」（創世記 41:13）

看來，葉慈肯定發現了「沒有什麼事物是虛構的」這一點，因為他在描述了自己如何運用想像力的經歷後寫道：「如果所有描述過這些事件的人都沒做過夢，那麼我們應該要重新編寫歷史，因為所有的人，特別是有豐富想像力的人，會不斷地用想像力創造出迷人、引人入勝且虛幻的事物；而所有人，特別是那些心境安穩平靜的人，生活中欠缺強烈的自我意識，就會不斷地受到來自外界的影響。我們最為細微的思想、精密的計畫，以及具體的情感，往往正如我所想的，不完全是我們主動產生的，而是突然間就從地獄或天堂中湧現而出。」

「沒有什麼事物是虛構的。」在想像中，超越你已知的那個最佳境界。

第五章

通往目標的微妙線索

SUBTLE THREADS

「……你所看到的一切，雖然似乎存在於外表，其實都存在於內心。這一切都存在於你的想像之中，而這個物質的塵世只不過是個影子。」

——布萊克

事件之所以發生，是因為相對穩定的想像活動創造了它們，而這些事件之所以能夠繼續存在，是因為它們得到這些想像活動的支持。

透過以下系列故事，你可以清楚看到，想像願望實現在有意識地創造環境和情況當中所扮演的角色。你將會發現，一個成功運用想像力的故事，如何激勵及促使他人去「嘗試」（try）並「看到」（see）結果。

複製好運

有一天晚上，我的觀眾席中有一位紳士站了起來。他說他沒有問題要提問，但想和我分享一些事。以下是他的故事：

他坦承自己破產了，也讀完了我的一本著作，突然意識到自己並沒有利用想像力來解決自己的財務問題。

於是，他決定嘗試想像自己贏得卡連特賽馬場（Caliente Race Track）的「5-10場比賽投注」（5-10 pool）⓫獎金。他是這麼說的：

「在這個投注中，你需要預測第五到第十場比賽的贏家。所以我這麼做了：在我的想像中，我站在那裡，整理我的投注單，並且感覺自己每張投注單上都有六場比賽的贏家。我一遍又一遍地重演這個場景，直到我全身起了『雞皮疙瘩』。然後，我『看到』出納員給了我一大筆錢，我把這筆錢放在

⓫「5-10場比賽投注」是指賽馬場中的一種投注方式，投注者需要準確預測出第五場到第十場比賽的所有結果。因這種投注的難度較高，獎金通常也相對較高。

我想像中的那件襯衫底下。這就是我所有的想像過程。而且，連續三個星期的每個夜晚，我都重複著這個場景，並且在想像過程中入睡。三個星期後，我去了卡連特賽馬場，那一天，我想像的每一個細節都實現了。唯一不同的是，出納員給了我一張總額為八萬四千美元的支票，不是現金。」——T.K.

那天晚上，我在演講中分享了這個故事之後，有一位觀眾問我，他是否能複製 T.K. 的人生經歷。**我告訴他必須自己決定自己的想像場景，而且不管他選擇了什麼樣的場景，都要確保那對他而言是相當自然的情景，並且全心投入地想像那個願望實現的結局。他不應該為了達成目標而過度擔心具體的方法（means）是什麼，而是在想像中全心投入，感受願望已經實現的狀態。**

一個月後，他給我看了一張一萬六千美元的支票，這是他在同一個卡連特賽馬場投注所贏得的「5-10 場比賽投注」獎金。

在成功複製了 T.K. 的好運之後，這位先生還有進一步的計畫。

他第一次獲得的那筆獎金，解決了財務困境，但他希望能再獲得一筆金錢來保障未來的穩定。而且，更重要的是，他想證明這次成功並非「偶然」。他推斷，如果好運能連續發生第二次，那麼所謂的「機率法則」將被實際的成功取代，證明自己的想像力確實能創造出這種奇蹟般的「現實」。

「我想擁有一個可觀的銀行帳户，在銀行對帳單上『看到』一個巨額的數字，因此在想像中設想了一個場景，我進入了兩家銀行，且都『看到』了銀行經理對我投以歡迎的微笑，也『聽到』出納員親切的問候。我會開口要求查看我的帳户對帳單。在一家銀行中，我『看到』帳户餘額為一萬美元，而在另一家銀行，則『看到』帳户餘額為一萬五千美元。

「我的想像場景並沒有在這裡中止。當我看到自己的銀行帳户餘額後，立即將注意力轉向賽馬投注系統，這個系統藉由十個步驟，將我最初的資本獲利兩百美元，提高到一萬一千五百三十三美元。

「我把這些贏來的獲利分成十二堆，然後在十一堆中放入一千美元，最後一堆放入五百三十三美元。我『想像中的財務盤點』總額是三萬六千五百三十三美元，包括我的銀行帳户餘額。

「我每天早晨、下午、晚上都會重複這整個想像場景。還不到一個月，我在三月二日再次去了卡連特賽馬場。奇怪的是，我明明已經填好六張，卻又重複填寫了六張投注單，且在第十場比賽中『犯了一個錯誤』，填寫了兩張相同的投注單。當比賽結果揭曉，我有兩張投注單獲獎，每張獎金為一萬六千四百二十三美元五角。我還有六張投注單拿到了安慰獎，每張獎金為六百五十六美元八角，總額高達三萬六千七百八十八美元。我一個月前的想像總額為三萬六千五百三十三美元。對我來說，這當中最深刻的有兩件事：首先，我似乎意外標記了兩張一模一樣的中獎投注單；其次，在第九場比賽結束時（那是關鍵的獲勝比賽之一），訓練師試著要『刪除』那匹馬的比賽資格，但賽會拒絕了他的請求。」

——A.J.F.

讓他通往目標的線索，有多麼微妙且難以捉摸？A.J.F. 忠實想像了那個目標終點，所有事物都一起促成了他的豐厚成果。他重複兩次填寫獲獎投注單的「錯誤」，以及賽會拒絕訓練師的請求，都是想像劇情創造的事件，推動計畫邁向目標。

如同貝爾福特・巴克斯（Belfort Bax）⓬曾經寫道：「機會，可以被定義為現實變化中的一種因素，也就是在事件流動的綜合過程中，這種因素無法以一般的法規或因果關係來解釋。」

想要聰明地生活，我們必須意識到自己腦中的想像活動，或者至少要了解它將引導我們到達什麼樣的目標終點。我們必須確保，它所引導的是前往我們渴望的目標終點。智慧的想像，只會聚焦於能實現價值或帶來前景的想

⓬ 對英國社會主義運動有重要影響的思想家，主要以其對於社會主義的支持和對於社會改變的倡導而著稱。

像活動。儘管人類似乎身處於物質世界，實際上卻是生活在一個想像的世界中。當人們發現真正塑造生活的不是物理世界的事實，而是想像活動時，物理世界就不再是唯一的現實，而想像世界也不再只是夢境了。

「這條路會一直蜿蜒向上嗎？
是的，直到盡頭都是如此。
這段旅程要費上整整一天的工夫嗎？
從早晨到夜晚，我的朋友。」

（克里斯蒂娜．羅塞蒂（Christina Rossetti））

第六章

前瞻性的幻想

VISIONARY FANCY

「對於具前瞻性的幻想或想像的本質，我們了解得非常有限，而在這些永恆存在的想像中，其外在性質和持久性，被認為比自然界中與植物及生物相關的事物更不持久。

然而，橡樹和萵苣一樣都會死去，但橡樹的永恆形象和獨特性從來就不會消失，而是透過種子得以重生。同樣地，想像中的形象也會藉由沉思的『種子』再次回歸。」

——布萊克

我們在想像中看到的畫面，才是真正的現實；任何實際的物理表現，只不過是這些畫面的影子。

當我們忠實於自己的想像，那些畫面就會創造出自身的樣子。當我們談到某件事物的「現實」，其實是在說它的物理實體；對於想像者來說，這正是所謂的「非現實」（unreality）或幻影。

有的，我有！

想像是一種精神上的感知。請你進入自己願望實現的感覺中。藉由精神感知，即利用想像中的視覺、聲音、氣味、味道和觸覺，賦予你的畫面必要的感官生動性，以便於外在或物質世界中實現這個畫面。

以下提供一個忠於自己想像願景的故事。F.B. 作為一位真正的想像者，記住了他在想像中所聽到的內容，他這麼寫道：

「一位了解我對歌劇熱情的朋友，試著要在聖誕節為我找到基爾斯滕・弗拉格斯塔德（Kirsten Flagstad, 1895-1962）⓭的《崔斯坦與伊索德》全套歌

⓭極具影響力的挪威女高音，常被譽為「世紀之聲」，職業生涯主要在大都會歌劇院表演，最重要的角色是《崔斯坦與伊索德》中的伊索德和《尼伯龍根的指環》中的布倫希爾德。

劇錄音專輯。造訪了十幾家唱片行，都得到相同的回覆：『RCA Victor 唱片公司已不再發行這張專輯，並且從六月就沒有現貨了。』在十二月二十七日，我決定再次驗證你的原則，努力獲得我如此渴望擁有的那張專輯。

「我躺在客廳中，心裡走進我常去的一家唱片行，並詢問我記得住面孔和聲音的那位店員，『你有弗拉格斯塔德的《崔斯坦與伊索德》全套錄音專輯嗎？』他回答，『有的，我有！』這樣的場景結束之後，我又重複了這個場景，直到它對我來說變得『真實』為止。

「那天下午稍晚，我親自造訪了那家唱片行，實際重現這個場景。從我所能感知到的任何細節都沒能讓我相信，我可以從那家店裡帶走那張專輯。去年九月，我曾在同一家店聽到同一位店員說出我朋友在聖誕節前聽到的相同答覆。

「我靠近那位我在想像中看到的店員，向他詢問道：『你有弗拉格斯塔德的《崔斯坦與伊索德》全套專輯嗎？』他回答：『不，我們沒有。』我沒有開口對他說任何話，只是在內心說著：『那不是我會聽到從你口中說出的答覆！』

「正當我轉身，準備要離開那家店時，我注意到一個高高的貨架上似乎有一個這套專輯的宣傳立牌，於是對店員說：『如果你們沒有這些商品，就不應該再放這個宣傳立牌了。』他回答說：『沒錯。』然後伸手將那個宣傳立牌拿了下來，卻發現那竟然是一組全套專輯，其中包含了五張唱片！

「儘管這個情景沒有完全按照我所構建的方式上演，但結果證實了我想像中的情景所暗示的效果。我該怎麼感謝你呢？」

——F.B.

閱讀完F.B.的信件之後，我們必須同意安東尼・艾登所說的：「一個假設，即使是錯誤的，只要持續堅持下去，就會變成事實。」F.B.的想像與唱片行的感官場域結合在一起，豐富了唱片行的某些層面，使他自己感知的種種事物，都變成屬於「他的」現實。

我們的未來，是我們在創意中行進的想像。利用自己的想像力，F.B. 達成了有意識的目標，將生活表現成他希望的那個樣子，從而影響現實生活，不只是反映現實。

他對於自己的想像劇本深信不疑，認為這才是真實的，而實際的行為只是一個幻影。

當店員說「不，我們沒有」時，F.B. 在內心說著：「那不是我聽到的從你口中說出的答覆！」他不僅記得自己聽到的內容，也始終記得那個內容。想像願望已經實現，就是尋求的事物會找得到、詢問的事物會得到回覆，機會大門也會為你開啟。他已經看到並聽到他渴望得到的東西，並且不會接受「不，我們沒有」這種答覆。

在清醒時，想像者也能做夢。想像者不是自己願景的奴隸，不會被想像力牽著走，而是掌控自己注意力的主人。當你持續不斷地以某種方式想像事物時，這種持續的想像會影響我們對現實中時間和空間的感知。

不幸的是，大多數的人……

「總是不斷地變化，就像一隻欠缺快樂的眼睛，找不到值得持續關注的事物……」（約翰．濟慈）

我們判定被告無罪！

透過想像力，G.R. 夫人也聽到了自己想聽到的內容，並知道外部世界會確認這一點。以下是她的故事：

「不久前，我們刊登了賣房子的訊息，因為我們要購買一個更大的房子，也已經支付了新房子的訂金。雖然有幾個人立刻表示有興趣買我們的房子，但我們不得不向他們解釋我們必須先確定買到想要的房子，才能完成這筆交易。這時，有一位房仲打電話來，幾乎是用乞求的口吻，拜託讓他的客户來看看我們的房子，因為那位客户非常想要這個地點的房子，也願意支付比我們的開價更高的金額。我們向這位房仲和他的客户解釋了狀況，他們都表示願意等我們的交易完成。

「房仲要求我們簽署一份文件，並說這份文件不具約束力，但如果我們另一筆房產交易成功了，他將優先取得銷售機會。

「我們簽署了這份文件，但後來才知道根據加州法規，這份文件實際上有非常高度的約束力。幾天後，我們新房子的交易失敗了，於是通知這位房仲，他口頭回應說：『那麼，我就算了吧。』結果在兩個星期後，他對我們提起告訴，要求我們支付一千五百美元的佣金。審判日期已經確定，我們要求進行陪審團審理。

「我們的律師跟我們保證他會盡全力，但表示這個特定法律問題的規定非常嚴格，贏的可能性很低。到了庭審當天，我的丈夫因為住院，無法陪同我一起出庭。我沒有任何證人，但那房仲帶來了三位律師和幾位證人，在法庭上對我們進行了指控。我們的律師告訴我，我們沒有任何勝訴的機會。

「我選擇轉向我的想像力，以下是我所採取的方式。我完全忽略了律師、證人和看起來偏袒原告的法官所說的話，只專注地想著我想聽到的話。在我的想像中，我聽到了陪審團的主席說：『我們判定被告無罪。』我聽著那句話，直到我相信這句話是真的為止。我讓心靈的耳朵忽略了法庭上所有的聲音，只聽到那句話：『我們判定被告無罪！』陪審團從中午休息時間開始，一直討論到當天下午四點半。在那幾個小時當中，我坐在法庭上，不斷地在心中重複聽著那句話。當陪審團成員回到法庭時，法官要求陪審團團長宣告裁決。團長站起來說：『我們判定被告無罪。』」

——G.R. 夫人

「如果夢想可以像商品一樣被買賣，

你會買下什麼樣的夢想？」

你會不會買下可以實現的願望呢？

夢想是無價的，也不需要金錢來實現。她把陪審團關在自己的想像中，聽到她想聽到的話，她讓陪審團成員達成一致的共識。

她把想像視為一切存在的現實，並藉由這種方法實現了願望。如赫貝爾所說的「詩人從沉思中創造」，對想像者來說，這也同樣適用。他們知道如何運用自己視聽上的幻覺來創造出現實。

找回了家具

「一年前，我帶著孩子們去歐洲旅行，把我附有全套家具的公寓交給女僕照料。幾個月後，當我們回到美國時，發現女僕和我所有的家具都不見了。公寓的管理員說，女僕已經『按我的要求』把家具搬走了。當時的我也無法立即做些什麼，只能帶著孩子們搬進了飯店。我當然報警了，甚至請了私家偵探來處理這件事。警方和偵探查遍了紐約市每一家搬家公司和倉庫，卻沒找到任何線索，我的那些家具和女僕似乎完全消失不見了。

「在耗盡了一切外部資源後，我想起了你的教導，決定試著利用我的想像力來處理這件事。因此，我在酒店房間裡坐下來、閉上雙眼，想像回到自己的公寓裡，坐在最喜歡的那張椅子上，所有家具環繞著我。我持續凝視客廳裡擺有孩子們照片的鋼琴，直到整個房間變得生動、真實。

「第二天，我從銀行出來，轉彎走向那間已空無一物的公寓；當我走到街角時，才發現自己的『錯誤』，正準備轉身，注意到一雙看起來非常熟悉的腳踝。沒錯，是那位女僕的腳踝。我走上前抓住了她的手臂。她非常驚慌，但我向她再三保證，我只想把我的家具拿回來。我叫了一輛計程車，要她帶我去她朋友存放我家具的地方。於是，在一天之內，我透過想像力，找到了這座大城市的警察和私家偵探花上好幾個星期都找不到的東西。」

——R.O.

在報警之前，這位女士就知道了想像的秘密，但她因為將注意力完全集中於生活的現實中，忘記了想像。然而，理智耗費了很大力氣卻找不到的東西，想像力卻輕鬆為你找到了。任何事物，包括我們的失落感，都需要想像力的支持才能夠持續存在。她透過想像自己坐在家裡的椅子上，被自己的家具環繞著，不再讓自己專注於那些令人失落的想像活動。透過這種想像上的變化，她找回了那些不見的家具，並重新建立了她的家。

我的郵輪之旅

當你將事物想像成你希望的樣子時，那是你的想像力最具創造性的時刻，從夢想中建立新的經驗，從幻想中建立新的經歷。

F.G. 就是在自己的想像中，創造了這樣的幻想，她利用了自己所有的感官——視覺、聽覺、觸覺、嗅覺——甚至還有味覺。以下是她的故事：

「從小，我就一直夢想著去遙遠的地方旅行，特別是西印度群島，我對那裡充滿了憧憬，我會沉浸於實際身處其中的那種感覺。夢想不需要花太多錢，成年之後我仍繼續做著我的夢，因為我沒有錢或時間讓它們『成真』。去年，我因為需要進行手術被送進了醫院。我曾聽過你教導的方法，於是決定要充分利用這段時間，在康復前更加專注於我最喜歡的白日夢。

「我實實在在擬寫了一封信，並寄去阿爾科郵輪公司（Alcoa Steamship Line），請他們寄一份免費的旅行手冊給我，然後一遍又一遍地仔細閱讀，挑選想要搭乘的船隻、艙房，以及最想去的七個港口。我閉上自己的雙眼，想像自己走上那艘船的登船梯，感受進入廣闊海域時，水面為船隻帶來的震動。當我們在蔚藍的海水中航行時，我聽到波浪撞擊船身的聲音，感受到熱帶陽光灑在臉上的溫暖，並且嗅到、嚐到空氣中鹽分帶來的鹹味。

「整整一個星期，我被限制在那張醫院病床上，卻體驗了實際身處郵輪上的自由及快樂。然後，在我出院前一天，我把那些彩色手冊收了起來，也忘了它們的存在。兩個月後，我收到了一家廣告公司傳來的通知，我贏得了抽獎獎項。我想起幾個月前曾在附近的超市裡填寫了一張抽獎券，但我完全忘了這件事。我贏得了頭獎，真是個奇蹟——這獎品是由阿爾科郵輪公司贊助的加勒比海郵輪之旅。而且，更加不可思議的是，我正是分配到在醫院病床上想像的想要入住的艙房房型，且我要搭乘的也是當時心裡選擇的那艘郵輪——它甚至停靠了我想要造訪的七個港口！」

——F.G.

「旅行的特權，
不屬於富有的人，
而是那些富有想像力的人。」

第七章

情緒

MOODS

「這是一個情緒決定命運的時代，而不是命運決定情緒的時代。」

——溫斯頓．邱吉爾爵士（Sir Winston Churchill）

人們往往把情緒看作是結果，而非原因。情緒是想像活動，沒有它們，就無法創造任何事物。

我們往往認為自己會因為達成目標而感到幸福，但沒有意識到的是，這個過程也可以反向運作——會實現目標，是因為已經假設了願望實現後的幸福感。

情緒，不僅是我們生活條件的結果，也同時是這些條件的原因。

在《情緒心理學》中，里博（Ribot）⑭教授曾寫道：「**光是憑藉一個想法，並不能產生任何效果，也不會有所作為；只有它被感受到，伴隨著一種有效的狀態，以及喚起了實際的行為傾向（也就是行動的要素）時，才會產生實際效果。**」

美夢真的成真了！

在以下這個故事中，這位女士成功地感受到願望實現的那種感覺，讓自己的情緒成為那個夜晚的主角——使她沉醉在一個愉悅的夢境之中。

「多數人都喜愛聽童話故事，但我們都知道，那些不切實際的關於財富和好運的故事，通常被認定是專門為了年幼兒童設計的娛樂。然而，真的是如此嗎？我想告訴你一個透過想像力實現，且不可思議的美好故事——但我一點也不『年幼』了。

「我們身處於一個既不相信寓言，也不相信魔法的時代，然而，我那些

⓮ 泰奧蒂勒—阿爾芒・里博（Theodule Armand Ribot, 1839-1916），法國心理學家，被公認是法國科學心理學的奠基人。

最瘋狂的白日夢中所想要的一切事物，透過你所教導的簡單方法——『想像創造現實』、『感覺』是想像的秘密——全都一一實現了。

「當這個奇妙之事發生在我身上時，我正失業中，也沒有任何可以依靠的家人；我幾乎迫切地需要所有資源。如果要找一份體面的工作，我需要開車去面試，但我只有一輛已經非常破舊的車，舊到有可能隨時會解體。我拖欠了房租，也沒有適合面試的衣物；對一位五十五歲的女性來說，這樣的條件要應徵任何工作都很不容易。我的銀行帳户幾乎要見底，卻也沒有可以求助的朋友。

「不過，我聽了你的講座近一年，面對絕望，我決定將我的想像力付諸實踐。實際上，我已經沒有什麼東西可以損失了。我想，對我來說，最自然的就是先想像自己擁有所有一切必需的東西。但因為我的需求實在太多，而時間又相當緊迫，當我完成清單時，早已感到筋疲力盡，當時的我已經緊張到無法入睡。

「有一天晚上，我聽著你的講座，聽到你提及一位藝術家，說他在個人經歷中感受到了你所說的『感覺』或『說法』，就是那種『這是不是太奇妙了』的感覺。我開始將這個想法應用到我的情境中。與其想像我需要的每一件物品，我試圖捕捉那種奇妙之事正在發生的『感覺』——不是明天，不是下個星期，而是現在。入睡前，我反覆告訴自己，『這是不是太奇妙了！現在會有一些奇妙的事情發生在我身上了！』當我入睡時，我就會感受到自己在這種情況下應該感受到的感覺。

「長達兩個月的時間，我每晚都反覆進行這種想像行為和感覺。直到十月初的某一天，我遇見一位好幾個月沒見、也不太熟的朋友，他告訴我他即將去紐約旅行。我曾經在紐約住過很多年，跟他聊了幾句關於那座城市的話題，便各自離開了。我後來就忘記了這件事。一個月後，這位朋友來到我的公寓，遞給我一張金額為二千五百美元的支票，支票上寫了我的名字。一看到支票上的大數字，還寫上我的名字，讓我過了好久才從震驚中回神，而隨後展開的故事，則讓我覺得像是一場夢。關於這一切，我要說到一位已經超過二十五年沒見面、沒聽聞消息的朋友。

我後來才知道，在這二十五年間，這位久未聯繫的老朋友，變得非常富有。那位將支票送來的共同朋友，上個月去紐約旅行時遇到了他，談到了我，然後這位老朋友決定與我分享他巨額財富的一部分，至於具體原因，我無從得知（至今我仍未收到他的任何消息）。

「接下來的兩年，他的律師每個月都會寄支票給我，不僅足以供應我日常生活所需，還剩下很多錢供我享受生活中的美好事物，例如一輛車、衣物、一間寬敞的公寓——最棒的是，我不再需要為了生計而煩惱。

「上個月，我收到了一封信，以及一些需要簽署的法律文件，簽署後就可以確保每個月持續寄支票給我，直到我這一生結束為止！」——T.K.

邱吉爾爵士呼籲我們，行動應該以擁有的事物作為前提，即使目前尚未擁有，也要「假裝擁有」。這不就是「奇蹟」的秘密嗎？就像哪個癱瘓的人被告知「我吩咐你，起來，拿起你的床，回家吧！」——也就是說，他在心裡要像已經康復了一樣地行動；當他想像中的行為，和他如果真的康復後會做的事一致了，他就真的痊癒了。

錢就這樣來了

「關於以下這個故事，有些人或許會說『反正事情遲早都會發生』，但仔細閱讀的人，就會發現其中有些事值得思考。

「故事開始於一年前，當時我從洛杉磯出發，去探望我在舊金山的女兒。當我見到她時，她並不像以前那樣樂觀開朗，而是陷入了深深的痛苦中。我不清楚她為什麼會這樣，也不想直接開口問，想等她主動說。她告訴我，她面臨嚴重的財務困境，立即需要三千美元。雖然我的經濟狀況並不窮困，但當時手頭上的現金也不多，無法那麼快拿錢出來。我很了解自己的女兒，知道即使給她錢，她也不會接受這一筆錢。於是，我提議要幫她借錢，但是她拒絕了，反而要求我以『我自己的方式』來幫助她……她的意思是，要我發揮自己的想像力，因為我曾經向她提及你教導的方法。我之前說過的話，顯然對她產生了影響。

「我立刻同意，但前提是她也要協助我，好讓我幫助她。之後，我們決定了一個可以一同練習的想像場景，這個場景包含了『看到』金錢從四面八方湧向她。我們感覺金錢像潮水一樣，從各個角落往她的方向湧去，直到她置身在滿滿是金錢的一片『海洋』中。在這個過程中，我們始終保持著對所有人都感到『喜悅』的心情，不去考慮方法，只專注於讓大家都感到幸福。

「這個想法似乎引起她強烈的興趣，而我確信，幾天後發生的事正是她自己造成的影響。她確實恢復了以往快樂且自信的狀態，而這正是她本來的樣子，儘管當時實際上並沒有任何金錢進帳。我隨後回到了在東部的家。

「我回到家後，打了電話給我的媽媽（一位九十一歲的可愛老奶奶），她立刻要我去探望她。我本來想要先休息一天，但是她等不及，非要我現在去見她不可。當然，我就去了。一見面，她就給我一張三千美元的支票，特別指明要給我女兒！在我還沒來得及開口說話之前，她又給了我三張共計一千五百美元的支票，要給我女兒的孩子們。她的理由是，她前一天突然決定了，要在自己『還在這裡』的時候，把手頭上的現金分享給她所愛的人們，這樣她才看得到他們收到之後的幸福模樣！

「反正事情遲早都會發生嗎？不！才不是！不是在我女兒迫切需要協助的幾天之內，她突然有所轉變，沉浸於快樂的心情中，而有了這樣的結果。我相信，她的想像行為促成了這個奇妙的變化——這不僅為接受這份贈禮的人帶來了極大快樂，也同時讓給予的人感到了喜悅。

「附註：我差點忘了提到，在那些慷慨贈予的支票中，竟有一張是要給我的，金額是三千美元！」

——M.B

身上的疣真的賣掉了

當我們意識到想像的重心轉移時，可以開啟的無限機會將遠遠超出我們的想像，完全沒有界限。**人生中發生的戲劇性事件，是一種源於我們想像的活動，我們透過情緒實現目標，而非依著身體的實際行動。**情緒可以有效地引導我們，朝著自己相信、肯定的方向前進；情緒甚至創造了生活的環境，決定了事件的發展。實現願望的情緒，有如一陣高漲的潮水，能輕鬆地將我們解放，不再被困於感官世界的狀態中。如果我們能夠察覺自己的情緒，並理解這種想像的秘密，就能宣告我們所肯定的一切心願都會實現。以下這個故事來自於一位母親的分享，她成功保持了一種看似「輕鬆有趣」的情緒，並獲得了驚人結果。

「你一定聽過那個古老的民間傳說：如果把疣賣掉，疣就會消失。我從小就聽過這個故事，但直到我聽了你的講座，才明白這個故事中隱藏的真理。我的兒子十歲，腿上長了許多又大又難看的疣，困擾他多年，我決定利用我突如其來的『靈感』幫助他。男孩對母親一向都有很高的信任感，所以我問他想不想擺脫那些疣，他馬上回答『想』，卻又不想去看醫生。我提議要和他玩一個小遊戲，針對每一個疣，而我會支付他一筆錢。他覺得這主意不錯，還說『我真看不出自己會有什麼損失』！我們商量出一個合理的價格，他也認為相當合理。接著，我對他說：『現在，我付你這麼多錢了，這些疣就不再是你的了。你不能保留著屬於別人的東西，所以不能再擁有這些疣了。它們即將消失，或許需要一天、兩天或一個月的時間，但記得，我已經買下了它們，現在它們已經屬於我了。』

「對於這一場遊戲，我的兒子玩得很高興，那聽起來就像是古老魔法書中會描述的情節。但是，相信我，在十天內，那些疣開始慢慢地消退，而整整過了一個月後，他身上的每一個疣都完全消失了！

「這個故事還有後續發展，因為我曾有許多向別人買疣的經驗。他們都覺得這過程很有趣，願意接受我每個疣支付五分、七分或十分錢的費用。在每一個案例中，疣都真的消失了。但實際上，只有一個人相信我所說的話，是他的想像力讓疣消失了，那個人就是我的小兒子。」——J.R.

如果一個人想像自己處於某種情緒中，就會承擔這種情緒帶來的結果。

如果他不將自己的想像放入那種情緒中，就將永遠不會受到情緒的影響。

偉大的愛爾蘭神秘主義者 A.E. 在《心靈願景的燭光》中寫道：「我開始意識到，對於周遭的環境，我的情緒會有迅速的反應，而這些環境之前對我的情緒完全無動於衷……我可以根據新情緒預測自己很快會遇到某種類型的人，結果就真的遇到某些特定性格的人。即使是無生命的物體，也會受到這些情感的影響。」不過，我們不必等待新的情緒自然而然地產生，可以隨心所欲地創造自己快樂的情緒。

第八章

穿越鏡中世界

THROUGH THE LOOKING GLASS

「一個人看鏡子時，
可以選擇只注視鏡子本身；
或者，如果他願意的話，也能選擇透過那面鏡子，
看到鏡內更高的境界。」

——喬治・赫伯特

物體要被感知，必須以某種方式進入我們的大腦，但並不表示我們和環境是緊密相連的。雖然我們的正常意識通常專注於感官的經驗，並往往受制於感官，但人可以超越限制，進入自己想像的世界，並完全沉浸其中，使之比感官所感知的事物更為生動、更有反應。不然，人就會變成一個機械裝置，只會被動地反映外界的生命現象，無法對生命產生主動影響。

人，作為一個充滿想像力的存在，並不是大腦的租戶，而是大腦的擁有者；人不必滿足於事物的表象，而是要超越感知意識（perceptual awareness），去深入探索抽象的概念意識（conceptual awareness）。

這種能力，能夠穿越感官的機械性反射結構，是人類十分重要的本能。這種能力顯現出人作為一個想像的中心，確實擁有改變現實的力量，可以透過一系列內在的心智轉變，改變觀察事件的進程，從一個成功邁向下一個成功的歷程。

注意力作為想像的關鍵，可以因外界刺激而讓感官「停留在眼前」，也可以經由內心的引導，透過感官進入願望實現的狀態。

瞬間自由

要從感知意識（即事物表面上的樣貌），轉向概念意識（即事物應有的狀態），需要盡可能生動且真實地想像出如果我們身處其中，會看到、聽到並做些什麼，且在那個場景中以想像的方式主動參與。

接下來的故事講述了一個人如何「進入鏡中世界」，並擺脫束縛枷鎖。

「兩年前，因為嚴重的血栓，我被送進了醫院，這顯然影響了我整個血管系統，導致動脈硬化和關節炎。我的頭部有一條神經受損，甲狀腺也腫大。對於造成這情況的原因，醫生們無法達成一致的共識，而他們的一切治療都完全無效。我不得不放棄所有自己喜愛的活動，大部分時間只能躺在床上。我的身體，從臀部一直到腳趾，都感覺像被緊綳的鐵絲包覆，必須穿上延伸到臀部的厚重及膝彈性長襪，雙腳才有辦法落地。

「我對你的教導有一些了解，也努力應用我曾經聽過的。有一天，某位朋友寄來了一張明信片，上面繪有一幅美麗的沙灘景色。那張明信片非常美麗，我不斷地凝視它，開始回憶起與父母在海邊度過的夏季時刻。片刻之間，明信片上的景色似乎變得生動，充滿了自由奔跑於沙灘上的回憶。我感受到自己赤腳踩在濕硬沙地上的觸感；感受到冰冷的海水在我的腳趾間流動，也聽到了海浪拍打著岸邊的聲音。對於躺在床上的我，這種想像的活動令人相當滿足，我持續想像這個美妙的場景，日復一日，並維持了一個星期。

「有一天早晨，我從床上移到沙發上。剛坐起來時，突然感覺到一陣劇烈疼痛，整個身體都無法動彈。我無法坐起來，卻也無法躺下。這種可怕的疼痛持續超過一分鐘，但是當它結束時——我重獲了自由！似乎一切束縛我腿部的鐵絲，一下子全都被剪斷了。前一瞬間我還被束縛著，下一瞬間卻重獲了自由。這過程並非是逐漸發生，而是瞬間實現。」

——V.H.

「我們行事為人是憑著信心，不是憑著眼見。」（哥林多後書 5:7）

我們行事為人，若依賴眼前所見，就會根據看到的事物來了解之後的路徑；**一旦依賴信念時，就會根據想像中所見的場景和行動來安排生活。**

人可以透過想像之眼（the Eye of Imagination）或感官（Sense）來感知事物。但對於感知，存在著兩種不同的心理狀態：一種是運用創造性的想像過程，引發想像上的反應；第二種是缺乏想像的「視線停留」（staying of the eye），只能反映眼前所見的事物。

人類心中蘊含著生命的原則，也有死亡的原則。一種想像，是從美好的夢境中建構出來的想像結構，另一種則是透過冷酷事實中反映出來的影像結構。一者是創造，另一個是延續。

人必須選擇，不是走上仰賴信仰的路，就是依賴現實的路。

越能從美好的夢想與想像中創造，就能有越高的生命活力。

因此，發展能夠穿越感官所反射的表面現象的能力，就是在增強生命的活力。相對來說，如果把想像限制在感官所反映的現實上，反而會減少生命的活力。

事實的表面看似真實，但它只是一種反射，而不是一種揭示，會讓「想像之眼」偏離了可以讓人獲得真正自由的真理。如果不被干擾，**「想像之眼」會看到應該存在的東西，而不僅僅是眼前現實中的事物。**即使我們眼前所見的場景再熟悉，「想像之眼」也仍然看得見之前從未見過的全新事物。正是這個「想像之眼」，而且也只有它可以讓我們擺脫對外在事物的感官依賴，而這種依賴完全主宰著我們的日常生活，讓我們只能一直停留在這種被反映出來的表面鏡像。

我們的狀態可以從「想到某事」（thinking *of*）轉向「從某事出發思考」（thinking *from*）；不過，關鍵在「從某事出發思考」，也就是經歷那種狀態，因為這種體驗意味著感受到自己與狀態的合一；而在「思考某事」的過程中，總是有主體和客體之分，即主動思考的個體和被思考的事物。

自我放棄，這就是秘訣。

我們必須放下自我並全心投入到這個狀態中，因為對於該狀態的愛，讓我們得以活出那個狀態下的生命樣貌，而不再只是目前的狀態。

想像力抓住了那個狀態的生命特質並全心體驗，表現出那個狀態的活力。

信心加上愛就是「自我奉獻」（self-commission）。對於不愛的事物，我們無法投入。「如果沒有愛，你永遠無法創造出任何東西。」要讓這個狀態充滿生命，就必須活成這個狀態本身的樣子。

「現在活著的不再是我，乃是基督在我裡面活著；並且我如今在肉身活著，是因信神的兒子而活；他是愛我，為我捨己。」（加拉太書 2:20）

神愛著人，祂的被造物，並因著信念成為人，希望藉由這種自我奉獻的行為，將被造物轉變為造物者。

我們必須「效法神，像親愛的孩子一樣」，並全心投入在我們所熱愛的事物中，就像神愛我們，因此全心投入在我們身上一樣。我們必須「完全成為」這種狀態，才能真正體驗這種狀態。

因愛而活著

意識想像的中心是可以轉移的，而當前只是願望而已，即一種不太明顯的想像活動可以被聚焦到一個明確且深入的狀態。當我們進入想像的狀態時，就對這個狀態做出了一種承諾。這種轉移想像中心的可能性非常驚人，而且相關活動完全是心理層面的。

想像中心的轉移不是透過空間進行移動，而是透過改變意識內容來實現。**感官世界的邊界只是一個主觀的障礙，只要感官還在注意四周的事物，想像之眼就會偏離真理。如果我們不學會放下，就無法真正前進**。以下這位女士在「放下」之後，立刻獲得了奇蹟般的效果。

「謝謝你給我那一把『金鑰匙』，解救了我在醫院裡的哥哥，讓他擺脫疼痛和可能的死亡。他之前面臨了第四次重大手術，康復的希望相當渺茫。

「我非常擔心，試著運用我曾經學過的關於想像的各種知識。我首先問自己，我哥哥真正想要的願望是什麼：『他想繼續留在這個身體裡，還是想要擺脫它呢？』我腦中不斷地思考這個問題，但我突然就感覺到，在我哥哥住院前，他希望可以改造他一直想裝修的廚房。我知道我的問題已經獲得了解答，於是我開始從這個點出發，開始進行想像。

「我試著『看到』哥哥忙著改造廚房的情景，突然間發現自己緊握著一把之前常用的廚房椅子。然後，『某件事』發生了，我驚訝地發現自己竟然站在哥哥的病床旁。這是我最不想身處的地方，無論是身體上，還是心理上，但我人就是在這個地方。我哥哥伸手抓住我的手，緊緊地握住，我聽到他說：『我就知道妳會來，喬。』我握住的是一隻健康的手，而且強壯又堅定，當我聽到自己說：『現在一切都好了。你知道的。』心中的喜悅已情不自禁地流溢出。哥哥沒回應我，但我清楚聽到一個聲音告訴我：『記住這一刻。』然後我似乎就醒來了，回到了我自己家裡。

「第二天，他的妻子打電話給我說：『這太難以置信了！醫生也無法解釋，喬，不用動手術了，他的情況明顯好轉，明天就可以出院。』在隔週的星期一，我哥哥便回到工作崗位，並至今一直維持著健康。」

——J.S.

塑造我們人生的，並非是現實，而是幻想的夢境。她不需要指南針才能找到她的哥哥，也不需要任何進行手術的工具，她只需要「想像之眼」。

在感官的世界中，我們只能看到現實中必須看到的東西；然而，在想像的世界中，我們可以看到自己想要看到的事物。在想像中看到了之後，就能為感官的現實世界創造出實體。我們對外界有自動的感知，但要看到真正想要的東西，則需要主動且有意識地想像努力。我們的未來，是想像活動在其創造中的產物。**雖然常識告訴我們，我們生活在一個穩固且理智的世界中，但是這個看似穩固的世界，實際上卻完全由想像力所構成。**

不可思議的想像之旅

以下這個故事可以證明人可以將想像的中心轉移到某個遙遠的地方，不僅可以在不移動的情況下做到，還能讓在那個時空點的其他人看到自己。

如果這是一場夢境的話，那麼——

「我們所見到或感知到的一切，
難道不只是一場夢中夢嗎？」

「我坐在位於舊金山的客廳裡，想像自己在女兒位於英國倫敦的客廳中。我全心全意沉浸在那個我熟悉不過的空間裡，突然間發現自己真的站在那裡。我的女兒站在壁爐旁，臉轉向另一個方向。過了一會兒，她轉過身來，和我的視線相交，我看到她臉上又驚訝又害怕的神情，這讓我也感到不安，隨即又回到了我在舊金山的客廳。

「五天後，我收到了女兒的航空信，信上寫的日期正是我進行想像之旅的那一天。她告訴我，她那天在她家的客廳裡『看到』了我，就像我真的在那裡一樣。她承認當時感到相當害怕，等她想要開口說話時，我卻已經消失不見了。她在信中提到的『造訪』時間，正好是我開始進行想像活動的時刻，而這當然也要考量兩地的時差。她告訴她丈夫這個驚人的經歷，丈夫堅持要她立刻寫信給我，因為他說：『妳母親一定是死了，或是快要死了。』但我並沒有『死』或『快要死了』，我還活得好好的，並且對這奇妙的經歷感到非常興奮。」

——M.L.J.

「只有它實際所在之處，才有任何行動；我全心全意地投入；但它究竟在哪裡？」

（湯瑪斯．卡萊爾（Thomas Carlyle））⓯

⓯湯瑪斯．卡萊爾（Thomas Carlyle, 1795-1881），蘇格蘭的評論家、諷刺作家、歷史學家，作品在維多利亞時代甚具影響力。曾接受牧職培育，修過法律課程、教過書，最後才專事寫作，撰寫短文及翻譯。

人完全是由想像所組成的，因此，人必須在想像中所在的地方，因為他的想像力就是他自己。在任何被我們注意到的情況下，想像力都會活躍地運作。**如果我們認真看待意識的轉變，會發現超乎我們想像的可能性**。感官強迫人與現實建立了一種非自願且不健康的連結，如果他能在想像中清醒過來，就能夠解除這種連結，因此我們不需要依賴從感官獲得的具體經驗。請改變意識的焦點，看看會發生什麼事。不論我們在心智上移動的程度有多麼少，也應該可以用稍稍不同的角度來感知這個世界。意識通常透過身體在空間中的移動，以改變其所在位置，但它不必如此受到物理空間的限制，也可以藉由改變我們所關注的事物進行移動。

人類展現了想像的力量，而這種力量的範圍無法明確地定義。**最重要的是意識到真正的自我——想像力——並不會被局限在身體的空間範圍內**。上述的故事證明，當我們在現實中遇到一個活生生的人，他的真實自我並不一定存在於身體所在的空間。此外，這也顯現了，在不依賴一般物理手段的情況下，感官知覺可以發揮作用，而其所產生的感知體驗，與正常知覺中所獲得的數據仍是一樣的。

故事中，母親心中的明確想法啟動了一整個過程，就在她女兒所生活的地方。如果這位母親真的在那個地方，而女兒也在場的話，那麼女兒就必定會感知到她的存在。

我們只能以想像的角度來理解這種經驗，而不能以機械或物質主義的觀點來看待。母親想像的「其他地方」其實就像是「這裡」。對於住在「那裡」的女兒來說，倫敦就像是她的「這裡」；而對於住在「那裡」的母親來說，舊金山也同樣是她的「這裡」。

我們幾乎不會想到，這個世界的本質，可能與一般所知截然不同。布萊克寫道：「我不會質疑我的雙眼或那種像植物般的直觀感知，就像我不會質疑窗戶對於視覺的作用。我是透過它來看，而不是依賴它來看。」這種透過眼睛觀察的能力，不僅能讓我們的意識轉向「這個世界」的其他部分，也讓我們能探索「其他世界」。天文學家們一定很希望能更進一步了解「透過眼睛觀察」的能力，而靈修者可以輕鬆地實踐這種心靈旅行。

「我穿越了一片人類的土地，
既是男人的土地，也是女人的土地。
我目睹並聽聞了一些可怕的事物，
是冷漠的地球漫遊者從未知曉的。」

自古以來，覺醒的人們就實踐著心靈旅行（Mental traveling）。保羅提到：「我認得一個在基督裡的人，他前十四年被提到第三層天上去；或在身內，我不知道；或在身外，我也不知道；只有神知道。」（哥林多後書 12:2）保羅告訴我們，他就是那個人，而他透過想像力或基督的力量來進行旅行。

在寫給哥林多教會的下一封信中，他寫道：「你們總要自己省察有信心沒有，也要自己試驗。豈不知你們若不是可棄絕的，就有耶穌基督在你們心裡嗎？」（哥林多後書 13:5）我們不需要等到「死去」了才享有靈性的特權。「人是完全的想像，而神就是人。」（威廉．布萊克）我們也該考驗自己，就像這位母親所做的一樣。

亞瑟．愛丁頓爵士（Sir Arthur Eddington）⓰說，對於外部世界，我們唯一有把握的，就是它是一種「共享經驗」（shared experience）。事物的「真實性」並非絕對，或多或少取決於它們能與他人共享交流的程度，或者自己在不同時刻的理解和感受。不過，這之間並沒有明確且固定的界線。

根據愛丁頓對現實的定義，即「共享經驗」，上述提及的故事，對於這

⓰是英國知名的天文學家和物理學家，因推廣愛因斯坦的相對論而聞名，在宇宙學和恆星物理學方面也有重要的貢獻，並撰寫了多部關於物理學和天文學的著作。專事寫作，撰寫短文及翻譯。

對母女而言，本質上就和地球或顏色一樣「真實」，因為她們共享了這個故事。想像的範圍如此廣泛，我必須承認，對於它創造現實的能力，我還真的無法確定是否有任何限制。

這一切的故事告訴我們：**那些暗示願望已實現的活動，不需要依賴外在感官的證據，必須先從想像的活動開始，這才是通往願望實現的旅程。**

第九章

進入想像之中

ENTER INTO

「如果觀者能進入這些想像中的畫面，就像搭乘著火焰戰車一樣，用他深思熟慮的思想去接近它們；如果他能……和這些充滿奇蹟的畫面成為朋友，這些畫面總是希望他能離開世俗的事物（他必然明白這一點），那麼他將會從墳墓中復活，將會在空中與主相遇，最終感到快樂。」

——布萊克

看來，**想像並不會自動實現我們的願望，直到我們真正投入到那個願望已實現的畫面中**。這樣進入願望實現的畫面，不就像布萊克所說的一樣，「在存在之外的虛空，若進入其中，便會包容一切，成為一個子宮」，對吧？

這不就是對亞當與夏娃這個神話故事的真正詮釋嗎？不就是人和他內在靈性的流露？人的美好夢想，不就是他的靈性流露嗎？就像亞當與夏娃的故事，「他將自己深深植入她的每根神經，就像農夫耕種土地一樣；而她就成了他的家園和豐收的花圃，結出七十倍的豐碩果實。」對吧？

創造的秘密，就是想像的秘密——首先是渴望，然後是感受願望實現的狀態，直到你進入那個幻想的夢境，也就是「存在之外的虛空」，然後它就會「包容一切，成為一個子宮，一個結出七十倍豐碩果實的家園，和豐收綻放的花圃」。

要特別注意，布萊克鼓勵我們要進入這些畫面之中，而這種進入，使得畫面「包容一切，成為一個子宮」。當人進入某一種狀態時，就像是使這個狀態「孕育」自己的意念，促使該狀態創造出特定的事物。布萊克告訴我們，這些畫面「對於不在其中的人來說如此模糊不清，僅僅是一些可能性；然而，對於那些進入其中的人來說，它們似乎是唯一實質可見的物質……」

「真的」住在家裡面

在我前往西海岸的路上，在芝加哥稍作停留，和朋友們共度一天。招待我的屋主之前生了重病，正在休養當中，醫生建議他搬到一棟只有一層樓的平房。他聽從醫生的建議，買了一棟符合需求的單層平房；但是，他現在所面臨的問題是，他原先那棟大型的三層房屋似乎還沒有買家出現。當我到達時，他的心情非常沮喪。

我試著向他和他的妻子解釋建設性想像的法則，告訴他們一個故事，故事的主角是一位非常知名的紐約女性。這位女士來找我，想要討論關於出租公寓的事。她擁有一間在城市裡的漂亮公寓和一個鄉間住宅，如果她想和家人們在鄉間的家度過夏天，就必須出租她在城市裡的公寓。

之前幾年，這個公寓總是在春季一開始就順利出租，但當她來見我的時候，夏季的轉租季節似乎已經快要結束了。雖然這個公寓一向都交給優秀的仲介處理，但似乎還沒有人願意承租。

我告訴她應該如何透過想像力進行。她照著我的建議做了，結果不到二十四小時，她的公寓就租出去了。

在我的建議下，她當晚在城裡的公寓入睡前，想像著自己躺在鄉間家裡的床上。

在她的想像中，她從鄉間家中的視角觀看世界，而不是從城市裡的公寓。她聞到了鄉間的清新空氣。她將這一切想像得特別真實，以至於入睡時真的覺得自己身處鄉間的家；當時是星期四晚上。過幾天之後的星期六早上九點，她從鄉間的家中打電話給我，告訴我星期五出現了一位理想的租客，不僅符合她的所有要求，也租下了她的公寓，而他只有一個要求：希望能在當天就搬進去。

我建議我的朋友們也建立一個想像中的結構，就像這位女士一樣，在睡覺時想像自己真實地身處在自己的新家中，感覺自己已經賣掉了舊房子。

我跟他們解釋，想著新家的影像，和從新家中的影像出發思考，兩者間有很大的差異。只是單純「想到」新家，其實就是承認自己並不「身處」這個地方；然而，從處於屋內的影像出發進行想像，就是證明自己已經在屋內了。「進入這些想像中的畫面」，就會讓這個畫面更具實質性，也實際上讓入住新家的過程自然而然地成真。

我進一步解釋說，**世界的樣貌完全取決於人在觀察時所處的位置**。而人的本質既然都是「完全的想像力」，就必須在想像中身處於那個位置。這個前後的因果關係讓他們感到不安，因為聽起來就像是一種魔法或迷信，但他們還是答應我會試試看。

那天晚上我便前往加州，隔天晚上，列車長遞給我一封電報，上面寫著：「房子已在半夜售出。」一個星期後，他們寫信告訴我，就在我離開芝加哥的那天晚上，他們雖然在舊家過夜，但心裡卻在新家，想像如果自己真的在那裡，事情會是「什麼樣子」。當天晚上，他們即被「房子已經成功售出」的訊息叫醒。

唯有真正進入想像中的畫面，當夏娃被世人所知時，世界上相關的事件才會真正發生。

願望如果要實現，必須先在人的想像中被構思出來，才能從布萊克所稱的「虛無」中展現出來。

我就站在英國的皇室宮殿前

接下來的故事，則說明透過改變想像焦點，最終實際進入一直在想像中堅持的那個地方。

「在我們結婚後不久，我和丈夫便很明確地知道，彼此最大的共同願望就是去歐洲待上一年。對很多人來說，這個目標聽起來很合理，但對我們來說——因為經濟狀況窘困——不僅不切實際，甚至荒謬。對我們而言，歐洲就像是另一個星球。

「不過，我聽過你教導的方法，於是在想像中入睡時，努力不懈地讓自己身處英國！至於為什麼一定要選英國，我也不太清楚，只能說我曾經看過一部電影，裡面有白金漢宮的畫面，我就立刻愛上了那個場景。

「在我的想像中，我只是靜靜地站在巨大的鐵門外，感受自己手中緊握著冰冷的金屬欄杆，注視著英國皇室的宮殿。許多個夜晚，我感受到強烈的喜悅，彷佛已經『身在』那裡，並在這種幸福的狀態下入眠。

「沒過多久，我的丈夫在派對上遇到了一位陌生人，這位陌生人在一個月內便幫他爭取到某所大學的教學補助。想像一下，當我聽到那所大學在英國時，會有多興奮！還會被經濟狀況限制嗎？

「不到一個月，我們就跨越了大西洋並在歐洲度過了一年，那是我人生中最幸福的一年。」

——M.F.

這個世界的樣貌，完全取決於人在觀察時所處的位置。人的本質既然都是「完全的想像力」，就必須在想像中身處於那個位置。

「被建築工人拋棄的石頭，成為了房角的主要基石。」那塊石頭就代表著想像。

我將這個秘密告訴你，之後就看你要如何行動或回應。

「這是那著名的石頭，能將一切變成金子。因為被神所觸及並擁有，其價值無法輕視。」

（喬治・赫伯特）

房子重新裝潢好了

「我想重新粉刷老舊家園的外牆，也重新裝潢室內，但我沒有錢去實現這些願望。你告訴我們，要『生活』得像我們的願望早已實現了一樣，所以我就開始這麼做——我想像自己的老房子粉刷了一層全新的油漆、放入新的家具和裝飾品，以及各種裝修配件。在我的想像中，我走過已重新裝潢的房間，繞著房子外一圈，欣賞剛粉刷好的外牆；最後，在我的想像行為結束時，我把一張全額支票遞給了承包商。我忠實地進入這個想像場景，每天盡可能多進行幾次，而每晚入睡前也會這麼做。

「兩個星期內，我收到了來自倫敦勞合社（Lloyd's of London）[17]的掛號信，告知我繼承了七千美元，來自一位我不曾見過的女士！大約四十年前，我與她哥哥曾經是點頭之交，而十五年前當他在我的國家去世時，我曾為這位女士提供一些小小的協助；她寫信來詢問有關他去世的細節，而我也如實告訴了她。自從那次以後，我就再也沒收到她的消息了。

「現在，手上拿到了一張七千美元的支票，這不但足夠支付房屋修繕費用，還能支付許多其他想要的東西。」

—— E.C.A.

「如果一個人不能用更強烈、更美好的形象，

不依賴脆弱衰老的凡人之眼所見的
更明亮的光線來想像，
那麼他根本不知道怎麼想像。」——（布萊克）

除非一個人想像自己是別人，或是身處其他地方，不然目前的生活條件和狀況就會一直維持原狀，問題也會不斷重複出現，因為所有事件都是從他不中斷的想像中萌生。這些是他所創造出來的事件，而這些事件因他而持續存在，卻也只有他能讓狀態有所改變。

前後因果的秘密在於想像的組合，但這裡要提醒的是，這個組合必須要

⑰英國最大的保險組織。本身是個社團，更確切地說是一個保險市場，與紐約證券交易所相似，但只向其成員提供交易場所和相關服務。本身並不做承保業務，偶爾也涉足人壽保險等其他領域。

有意義；它必須傳達某種想法，否則就不會形成創造的力量——也就是所謂的「話語」。

第十章

那些看不見的事物

THINGS WHICH DO NOT APPEAR

「……所看見的，並不是從顯然之物造出來的。」

——希伯來書 11:3

「人類的歷史，包括政府形式、革命、戰爭，以及國家的興衰，實際上都可以用人們心中思想的興起與衰退來描述。」

——赫伯特．胡佛（Herbert Hoover）

「想像的秘密是所有問題中最偉大的，神秘學者渴望解開這一個謎題。解開這個謎題的遙遠答案，就能帶來至高的力量、至高的智慧，以及至高的喜悅。」

——道格拉斯．福塞特

對於人類無形的想像活動所具有的創造力，是一項無須辯駁的重大事實。人類透過想像活動，實際上可以「使不存在的事物變成現實的存在」。透過人類的想像活動，所有事物得以創造成形，沒有這樣的想像活動，就「沒有任何事物能被創造出來」。

這種因果活動可以定義為一種想像中的畫面組合，當這些組合出現時，某些物理事件就會不可避免地發生。**我們所要做的，是組合出幸福結果的畫面，然後不去干擾這個過程。這個事件不能強迫發生，而是讓它自然進行。**

蒂蒂每天都來看我

如果想像是唯一能在生物或人類當中行動或存在的力量（就像布萊克所認為的那樣），那我們就不能否定某位女性在酒莊裡踩著葡萄，是否就啟發了人們心靈中的微妙變化。

以下這位祖母正為她的小孫女付出努力，就像在酒莊裡踩著葡萄一樣。

「這是會讓我的家人及朋友們說『我們真的不理解為什麼』的事情之一。小金現在已經兩歲半，在她出生後，我照顧過她一個月，但直到一年前，我才再次見到她，而且只有兩個星期的相處時間。然而，在過去的一年裡，我每天都把她抱在膝上——在我的想像中——並且擁抱她，也和她對話。

「在這些想像的過程中，我會回想著關於小金的一切美好事物：『上帝在我身體裡面成長；上帝透過我的身體愛著』等等。一開始，我得到的就像是來自幼童的回應。當我說『上帝在我身體裡面成長』時，她會回應『我』。現在，當我一開始說話，她就能完整地完成一整個句子。

「隨著時間推移，現在當我在想像中把她抱在膝上時，她似乎不斷地變得越來越大，也越來越重。

「在過去的一年裡，小金甚至沒見過我的照片，對她來說，我頂多就只是個名字。現在，她的家人告訴我，她開始會每天不時地談論我——不是對任何特定的人說，只是隨意提到。有時，提到我的時間會長達一個小時；或者她會去電話旁，假裝要按下電話號碼。在她的獨白中，有這樣的內容片段：『我的蒂蒂（Dee Dee）愛我，我的蒂蒂每一天都會來看我。』

「即使我知道自己在想像中所做的事情，但這個事實確實讓我『感到非常驚奇』。」

——U.K.

學校就像是個天堂

所有富有想像力的人們都不斷地施展魔力，而欠缺強大想像力且被動的人們，則不斷地受到這些魔力的影響。

自然界中沒有一種型態，不是透過某種想像活動產生並維持的。因此，任何想像活動的改變，都必然會導致形式上相應的變化。

想出一個替代畫面，來取代不想要或有缺陷的東西，實際上就是在創造新的東西。

如果我們能持續追求理想的想像活動，不滿足於一些次要的成就或微小的滿足感，那麼勝利將會屬於我們。

「當我在《播種與收穫》一書中，讀到那位老師如何透過自己的想像，每天進行修正，將一個問題學生轉變成一名可愛的女孩時，我便決定要對我丈夫學校裡的一個小男孩『做』點什麼。

「要講述其中相關的問題，可能要花上好幾個篇幅，因為我丈夫不曾遇過這麼棘手的孩子，也不曾面臨如此令人困擾的家長。

「這個男孩年紀還太小，不能將他退學，但老師們也都不願意讓他進入班級裡上課。更糟糕的是，他的母親和祖母幾乎每天都在學校裡『紮營駐守』，給大家帶來不少麻煩。

「我想幫助這個男孩，也想幫助我的丈夫。所以，我每天晚上都在想像中建構兩個場景：第一，我『看到』一個完全正常且快樂的孩子；第二，我『聽到』我的丈夫說：親愛的，我真是不敢相信，但妳知道嗎？『R』現在就像個正常的男孩，而那兩個女人也不在附近盯場了，真是太好了。

「在堅持不懈地進行了兩個月的想像遊戲之後，我丈夫回家說了『學校裡就像是個天堂』——雖然句子不完全一樣，但對我來說也差不多了。那位祖母忙著參與一些事情，讓她不得不出城，而那位母親也得陪同她。

「與此同時，有一位新老師接受了『R』的挑戰，根據我對他的所有想像，他進步的狀態非常好。」

——G.B.

只是抱持著不去實踐的標準，是毫無意義的事。

不同於波西亞（Portia）曾說：「我教會二十個人該怎麼做，比自己成為那二十個人當中的一個，並遵循那些教導要容易得多。」G.E. 遵循了她自己的教導方針。

單純接受想像中的信念，卻不去實踐，很容易也可能造成致命錯誤。

「……（耶和華）差遣我醫好傷心的人，報告被擄的得釋放，被囚的出監牢。」（以賽亞書 61:1）

第十一章

窯匠 THE POTTER

「耶和華的話臨到耶利米說：『你起來，下到窯匠家裡去，在那裡我要讓你聽到我的話。』我就下到窯匠的家裡去，正遇他轉輪。窯匠用泥做的器皿，在他手中做壞了，他又用這泥另做別的器皿；窯匠看怎麼好，就怎樣做。」

——耶利米書 18:2-4

在這裡，「窯匠」（Potter）指的就是想像力。也就是從其他人認定無用而丟掉的那些材料中，透過覺醒的想像力，便能夠將它們重新塑造成應有的樣子。

「耶和華啊，現在你仍是我們的父！我們是泥，你是窯匠；我們都是你手的工作。」（以賽亞書 64:8）

將創造視為想像力的工作，並將主，即我們的父，視為我們的想像，這種觀念能讓我們更深入探索創造的奧秘，超越任何其他的解釋或指引。

人們不相信上帝和人類的想像間存有這樣的關係，唯一的原因就是不願意承擔自己濫用想像力的責任。事實上，神聖的想像力已經降到人類的層次，使得人類的想像力能夠提升至神聖的想像力。

詩篇第八篇提到，人被造得比神的層級稍微低一些——而不是比天使稍微低一些，這是《聖經》詹姆士王譯本中一處錯誤的翻譯。天使被視為人類的情感狀態，因此是人的僕人，而不是高於人的上級，正如希伯來書中告訴我們的。（希伯來書 1:14）

想像力是真正的人性，並與神合為一體。

我的藝術個展成功了

想像力具備了創造、保存及改變的能力。

當所有基於記憶的想像活動消失時，想像力就會展現出根本性的創造力。

當想像力主要依賴記憶中所提供的影像時，就會是比較保守的。

當想像力開始改變現有的主題、在心理上調整生活中的事實，或者在記憶中去除某些事實，或以某些東西替換成其他事物以達到想要維持的和諧時，它就會展現出變革性。

以下這位才華橫溢的年輕藝術家，憑藉著自己的想像力，成功將夢想變成了現實。

「自從進入藝術工作領域，就一直想為小朋友的房間創作素描和繪畫。但聽了一些比我有經驗的顧問及朋友的回應，讓我有些缺乏信心。他們喜歡我的作品，也欣賞我的才華，卻告訴我這類作品不會獲得認可，也賺不到錢。

「不知怎麼地，我一直覺得自己會成功，但要怎麼做到呢？去年的秋天，我聽了你的講座，也讀了你的書，便決定讓自己的想像力去創造我想要的現實。

「我每天都這麼做：想像自己在一個畫廊裡，四周充滿了熱烈的氣氛，牆面上掛著我的藝術作品——全是我的『藝術』（專屬的獨立個展）——我看到很多畫作上都標記了紅色星星，表示那些畫作都已經售出。

「實際過程是這樣的：在聖誕節前，我為一位朋友做了一個移動裝置藝術，她把它展示給某一位朋友看，而那位朋友擁有一家位在帕薩迪納的進口藝術品專賣店。對方表示想和我見面，於是我帶了一些作品的樣本去見他。沒想到當他看到第一幅畫作時，就說想要在春天為我舉辦一場『個展』。

「個展開幕的當天晚上，四月十七日，有一位室內設計師來到現場，他很喜歡我的作品，委託我為一個小男孩的房間製作一幅拼貼畫，這將會出現在一九六一年《家政雜誌》的『年度最佳住宅』特刊中。

「後來，在展覽期間，有另一位室內設計師來了，他對我的作品讚不絕口，還詢問是否能安排我與一些『合適的』室內設計師、『合適的』畫廊老闆見面，這些人會妥善地購入，也會好好地展示我的作品。順道提一下，這次的展覽不僅讓畫廊老闆獲得極高的收益，我個人也是。

「有趣的是，這三位男士似乎就『突如其來』地出現在我面前。在我『想像』的過程中，我根本不曾主動去聯繫任何人；但現在，我開始獲得業界的認可，而我的作品也打進了市場。我現在毫無疑問地明白了，只要認真運用『想像創造現實』這個原則，就沒有『不可能』的事情。」——G.L.

祂考驗了窯匠，證明了實踐的創造力；只有懶惰的心智，才會對這個挑戰視而不見。

保羅說：「神的靈住在你們心裡。」現在，「你們總要自己省察有信心沒有，也要自己試驗。豈不知你們若不是可棄絕的，就有耶穌基督在你們心裡嗎？我卻盼望你們曉得，我們不是可棄絕的人。」（哥林多後書 13:5-6）

如果「萬物都是藉著祂造的，凡被造的，沒有一樣不是藉著祂造的」，那麼對人來說，考驗自己以了解內心的造物者，應該不是太困難的事。這個考驗將能證明，人的想像力就是「那叫死人復活、使無變為有」（羅馬書 4:17）

的唯一力量。我們之所以能推敲得知窯匠的存在，是因為祂在我們心中所做的事。我們無法將祂視為與我們分離的一個存在。

窯匠的本質——耶穌基督——就是創造，沒有祂，就不會有任何被造物。這本書中記錄的每一個故事，都正是保羅要求哥林多教會進行的考驗。上帝確實地、真切地存在於每個人身上——在每一個人類的內心之中。上帝完全融入我們。祂不是我們的美德，而是我們的真實自我——我們的想像力。

以下所舉的例子來自礦物世界，或許有助於我們理解至高的想像力和人類的想像力為何是同一種力量，但在創造力上卻有著巨大的差異。

鑽石是世界上最堅硬的礦物，而用於「鉛」筆的石墨則是最柔軟的礦物之一。雖然這兩種礦物的成分都是碳，但性質卻大相逕庭。人們相信，這種性質上的差異，是由於碳原子的排列方式不同所導致。不論這種差異是否真因為碳原子的不同排列，大家都認同鑽石和石墨是同一種物質，也都是純粹的碳元素。

我坐進了期待的觀賞座位

生命的目的，在於創造性地實現我們的慾望。在這個始終充滿問題的世界，如果人沒有慾望，就無法有效地生存下去。慾望是一種對於缺乏或需求的認知，能促使我們尋找讓生活更愉快的事物。

我們的慾望通常是為了獲得個人利益，如果期待的收穫越大，這個慾望就會變得越強烈。

事實上，不會有完全無私的慾望，即使我們的慾望是為了別人，實際上也仍是為了滿足自己。

要實現慾望，我們也應該在心中想像出能暗示慾望實現的場景，並在想像中演繹這些場景，就算只是片刻，也要感受到充足的喜悅，讓這種想像變得自然。

就像小孩裝扮成「女王」，玩著角色扮演的遊戲一般，**我們必須想像自**

己成為期望變成的模樣，先在想像中演出——不是作為旁觀者，而是作為一位演員。

以下這位女士透過她的想像，身處在她希望前往的地方，並扮演著「女王」。在這個劇院中，她是一名貨真價實的演員。

「我的心願就是去看一位知名默劇演員的下午場演出，而這位演員目前正在我們城市裡最大的劇院中表演。基於這種藝術形式和觀眾之間有緊密互動，我希望可以坐在樂池的位置，但我連高樓層陽台區的門票都買不起。

「那天晚上，我決定為自己實現這件快樂的事，我在想像中入睡，目不轉睛地看著這位令人驚嘆的表演者。在我的想像中，我坐在樂池正中央的位置，聽到觀眾的掌聲，當布幕拉起而演員走上舞台時，我可以實際感受到這段經歷帶來的強烈興奮感。隔天，也就是下午場演出的日子，我的經濟狀況一點也沒有變化。我的錢包裡只有一美元三十七美分。我知道我得用一美元買汽油，這樣就只剩下三十七美分，但我也知道在我入睡時，我確實沉浸在參加表演的感覺之中，所以我仍裝扮好，準備前往劇院。

「當我把東西從一個包包移到另一個包包的時候，意外在口袋裡發現了一美元和四十五美分的零錢，就藏在我不常用、上歌劇院時才會用的那個包包裡。

「我忍不住笑了，意識到自己已經獲得了加油的錢，而看劇的門票經費也隨之而來，於是我愉快地出發前往劇院。

「站在售票窗口前，一看見票價，我的信心就逐漸消退了，因為樂池座位的價格是三美元七十五分。我感到沮喪並迅速轉身，走去對街的咖啡館喝茶。在我花了十六分點了一杯茶後，突然想起在售票窗口看到高樓層陽台區的價格。匆忙中，我數了數身上的零錢，發現只剩下一美元六十六分。我跑回劇院，買了一個最便宜的座位，花了一美元五十五分，手中只剩下十分。

「我進入劇院，票務人員撕掉了我的票，說：『請上樓，往左側走。』

表演即將開始，但我沒有遵從票務人員的指示，而是走進了主樓的女性洗手間。我仍然一心想要坐在樂池區。我坐了下來，閉上雙眼，讓內心的『視線』集中在樂池方向的舞台上。

「就在此時，有一群女人走進了洗手間，她們同時在說話，但我只聽到一個對話，是一位女士對她的朋友說：『我等了又等，直到最後一刻，結果她打來說她不能來了。我本來想要把這張票給別人的，但現在已經太晚了。我也沒注意，就把兩張票都給了票務人員，他在我來得及制止他之前就把票都撕掉了。』

「我幾乎忍不住要笑出來。我站起來，走到那位女士面前，問我是否可以使用她多出的那張票的座位，而不是我買的座位。她非常友善地邀請我跟她同坐。她的票是樂池區的中央座位，距離舞台只有六排。我坐在那個座位上，當布幕升起的瞬間，我看到了我前一天晚上在那個座位上——在我的想像中——所親眼目睹的演出。」

——J.R.

一張四千美元的訂單支票

我們必須在想像中真實地「存在」。

只思考著終點是一回事，從終點出發思考則是另一回事。**從終點出發去思考、去實踐，才得以創造出現實。內心所想著的情境，必須符合在「某些事情發生後」會真實表現的行為。**

要明智地生活，我們必須意識到自己的想像活動，並確保這些想像活動能忠實地塑造我們所渴望的結果。

這個世界就像是可塑的泥土，而我們的想像力就是窯匠。我們應該要想像著目標，而且是有價值、有積極前景的目標。

「心中有所渴望卻不採取行動的人，
將會招致災害。」

人所有的行為，都源於內心的想像。外顯事物的型態反映了人的想像。

「人就像是織布機上的梭子，按照上帝的安排，不停地穿梭於軌道中，卻沒有安排休息的時候。」

「我獨資經營一家小型企業，幾年前幾乎就要陷入失敗的困境。長達好幾個月，銷售額持續下滑，我發現自己深陷於財務危機之中——這段時間，我們國家正經歷一個小型的經濟衰退期，和其他成千上萬的小企業主一樣，我背負著沉重的債務，至少急需三千美元。我的會計師建議我把公司收掉，可以減少一些損失和債務，但我沒有這麼做，而是選擇轉向我的想像力。

「我知道你教導的方法，卻從未實際嘗試用來解決任何問題。老實說，我對想像力能創造現實的說法有所懷疑，但也對現實相當絕望，而絕望迫使我去測試你教導的方法。

「我想像著，我的公司意外收到了四千美元的匯款，而這筆錢必須因著一筆新的訂單而來，因為我幾乎沒有應收帳款；但這聽起來不太現實，因為過去四個月中，我的銷售業績根本沒達到這個數字。儘管如此，我在接下來的三天裡，堅定地保留著這筆錢進帳的想像畫面。

「第四天早上，有一位我幾個月沒聯絡的客户打電話給我，請我親自去見他。他要我帶著一份之前給他的機器報價單，他的工廠需要用到這些機器。那份報價單已經開出幾個月了，於是我從檔案裡找了出來，迅速趕去他的辦公室。

「我寫好了訂單並讓他簽名，但我並不覺得這筆交易能提供我立即的幫助，因為他想要的設備從預訂到工廠交貨，需要四到六個月時間。當然，客户也不需要在交貨前預付貨款。

「我感謝他給我這張訂單，準備起身離開。他把我攔住，遞給我一張超過四千美元的支票說：『我想提前支付貨款，為了稅務上的安排，你知道的。你不會介意吧？』不，我當然不介意。當我接過那張支票時，才意識到發生了什麼事。我幾個月來再怎麼努力也無法做到的事，透過想像的行動，在短短三天內便實現了。我現在知道，想像力能輕鬆地為我帶來四萬美元的生意，就像四千美元一樣簡單。」

——L.N.C.

「耶和華啊，現在你仍是我們的父！我們是泥，你是窯匠，我們都是你手的工作。」（以賽亞書 64:8）

第十二章

心態

ATTITUDES

「關乎心靈的事物才是真實的；所謂的具體物質，沒有人知道它的存在之處：它只是一種虛妄的錯覺，它的存在是一種欺騙。心靈或思想之外的存在，會在哪裡？除了愚者的心靈之外，還能有什麼？」

——布萊克

記憶雖然不完全準確，卻還是能滿足我們對一致性的需求。如果我們照著以前認識某個人的樣子來記住他，就會在心中重新塑造他的形象，讓過去的印象於當下再次重現。

想像力可以創造現實。

如果我們對某人的印象有改善空間，就應該用新的內容來重新建構他這個人，想像他成為我們希望他成為的樣子，而不是讓他承擔我們對他的記憶，成了一種負擔。

「一切可以被相信的事物，都是真理的形象。」

他真的找到了工作

以下的故事來自一位相信想像力可以創造現實的人，他以這種信念改變了自己對一位陌生人的態度，並見證了這種改變在現實中帶來的變化。

「二十多年前，當我還是一個剛到波士頓讀書的『無知』農場男孩時，有個乞丐向我乞求一頓飯的錢。雖然我自己的錢也不夠滿足各種生活所需，但我還是把口袋裡的錢給了他。誰知幾個小時後，我看到這男人喝得醉醺醺，搖搖晃晃地攔住我的去路，並向我要錢。我心裡非常憤怒，因為我省吃儉用的錢就這麼被他花掉了，於是我發誓再也不理會街上乞丐的乞求。多年來，我一直遵守這個誓言，然而每當我拒絕任何人的乞求時，良知就會譴責我，甚至內疚到劇烈胃痛，但我不願因此妥協。

「今年年初的頭幾個月，有一個人攔住我，當時我正在遛狗，他向我要錢，說想吃飯。我遵守誓言，拒絕了他。那個人的態度很有禮貌，也欣然接受我的拒絕，甚至讚賞我的狗，還提到他認識一個在紐約州飼養可卡獵犬的家庭。這次，我的良知非常強烈地譴責我！當他走了之後，我決定要重新塑造那個場景，讓它變成我希望的樣子。於是，我就在大街上停了下來，閉上雙眼，花了幾秒鐘在腦海中演繹一個不同的場景。

「在我的想像中，我讓那個人再次接近我，只不過他這次是以稱讚我的狗來開啟對話。想像中我們聊了一會兒之後，我讓他開口說：『我真不想這樣開口問你，但我真的需要一些食物。我明天早上就要工作，我最近失業了，今晚我真的很餓。』隨後，我伸手進我想像中的口袋裡拿出一張五美元鈔票，開心地遞給他。

「這個想像行為立即消除了我心中的內疚感和痛苦。我明白，根據你的教導，想像的行為可以被視為一種現實，因此我知道我可以給予任何人他所要求的東西，並透過對這個想像行為的信念，同意他擁有這個現實。

「四個月後，當我再次帶著我家的狗出門散步時，那個人再次向我走來，開口就先讚賞了我的狗。

『這真是一隻漂亮的狗。』他說，『年輕人，我不確定你是否還記得我，但前一陣子我乞求你給我一些錢時，你很友善地拒絕了我。

『我之所以會說〔友善〕，是因為當時你如果給我錢，我現在還在行乞，而事實上我第二天早上就找到了一份工作，現在我重新站起來了，再次找回了自尊。』

「四個月前，我就已經在心中想像他真實擁有了一份工作，但當他真的出現在我面前，並證實這一切時，我不能否認那種滿足感有多巨大！」

——F.B.

「金銀我都沒有，
只把我所有的給你。」（使徒行傳 3:6）

沒有任何人應該被拋棄，每個人都值得被拯救，而我們的想像力重新塑造記憶的過程，就是讓救贖得以實現的方法。譴責那些迷失的人，只是讓那些已經受罰的人被施以更多懲罰。

「哦，如果我不憐憫迷失的罪人，那我又該憐憫誰才對呢？」（但丁・阿利吉耶里）

我們應該關注的不是那個人過去的樣子，而是他將來能成為什麼樣的人，這才是我們應該想像的重點。

「班・博爾特，你可曾記得那位甜美的愛麗絲——
頭髮如此深棕的甜美愛麗絲，
當你給她一個微笑時，她喜悅地哭泣，
而當你皺眉時，她又因驚懼而顫抖著？」

（托馬斯・鄧恩・英格利希）

如果我們對一個人的看法，沒有比他對自己的看法更糟，那麼他就會被視為優秀的人。

真正的奇蹟，不在於那個行乞男子展現出自己最好的一面，而是那個懷有寬恕之心的想像者，透過全新的想像來重塑他人的形象，不僅改變了請求的那個人，也改變了施予的人。

在道德或教育的體系中，想像力尚未受到應有的重視，但是**當想像力獲得重視時，就能夠「開啟囚牢，讓被束縛者得到自由」**。

對我們來說，透過記憶來理解任何事物的存在，應該不是按照事物過去的樣子來記住它們——除非那記憶特別值得珍視——而是根據我們希望它們成為的樣子來記憶。

而由於想像具有創造性，所以我們對他人的記憶，如果不是進一步地推動他人前進，就是阻礙他的進展，他們的成長或退步之路將因此變得更加容易或困難。

她成了幸福且快樂的女人

「沒有任何人的性格是如此死寂，煤火只要稍加翻動，內在的潛力就能再次燃燒並發光。」（喬治·艾略特）

以下的故事顯示想像能打造出戒指、丈夫，甚至把人「帶去中國」！

「我的丈夫來自一個破碎家庭，由慈愛的祖父母撫養長大。他和母親從來就不『親近』——而母親對他也是如此。他母親六十三歲，已經離婚三十二年，生活孤獨且憤世嫉俗；我與她的關係，也因為我試著『保持中立』而變得緊張。她自己也承認，她最大的心願是能夠找到一個伴侶、再度進入婚姻，但她認為自己已一大把年紀，沒什麼機會了。我的丈夫常對我說，他希望她可以再婚，並熱切希望她『或許可以住到遠離這座城市的地方』！

「我也有同樣的心願，正如我常掛在嘴邊的：『也許搬去中國吧？』我知道，在我想像的劇本中，我要小心地考量個人動機，也必須改變自己對她的感受，同時將她所想要的事物『給予』她。

「我開始在我的想像中看到她完全改變了自己的個性——成了一位幸福且快樂的女人，在一段新的關係中找到安全感，也相當滿足。每次想到她，我都會在心中看到她是一個『嶄新』的女人。

「大約三個星期後，她來我們家拜訪，帶來幾個月前認識的朋友。這位男士最近喪偶，和她同年，財務上相當穩定，子女成年，還有孫子。

「我們很喜歡他，而我也感到特別興奮，因為他們顯然對彼此有好感。但我的丈夫仍然認為不可能，然而我可不這麼認為。

「從那天開始，每當我的腦海中出現她的身影，就會『看到』她伸出左手讓我看，而我讚賞著她手指上的『戒指』。

「一個月後，她和她的朋友來拜訪我們，當我走上前去迎接他們時，她驕傲地伸出了左手，手指上就戴著那個戒指。

「兩個星期後，她就結婚了——而且自從那次之後，我們就再也沒有見過她。她住進一棟全新的房子……『遠離這座城市的地方』，而且由於她的新丈夫不喜歡開長途車來我們家，所以她真的就像是『搬去中國』了一樣！」

——J.B.

償債的奇蹟

想要抵抗某種行動的意願，與決定要改變它之間，有很大的差異。當一個人選擇改變某種行為時，他主動地行動（act）了；而當一個人只是抵抗某項行動時，則只是被動地反應（react）。**主動改變行動的人有所行動，而抵抗行動的人只是有所反應。前者可以創造，而後者只是延續現狀。**

除了我們所創造的想像模式之外，沒有什麼是真實的。記憶和渴望一樣，都像是一種白日夢。那為什麼要把它變成一場惡夢呢？人類只有在將記憶視為白日夢，並按照自己的心願去塑造它，才能真正地寬恕。

R.K. 意識到，**我們對他人所採取的態度，有可能會剝奪他人的能力，因此改變了自己的態度，結果也改變了實際情況**。

「我並不是一位專業放款人，也不算是投資者，但一位朋友，也是我生意上的夥伴，向我借了一筆不小的錢，想要擴展他的工廠。基於朋友交情，我同意以合理的利率借款給他，並允許他在借貸合約簽訂一年後可以展延。當第一年的期限結束時，他該繳的利息逾期了，於是請求我再延長三十天。我同意了這個請求，但在三十天結束時，他還是無法償還，並再次要求展延。

「正如我剛才所說，我並不是從事放款業務，我需要對方在二十天內全額償還貸款，以支付我自己的債務，但我再次同意展延，儘管我的信用已經面臨嚴重危機。當時，一般正常的做法是採取法律手段來催收款項，幾年前的我也肯定會這麼做。然而，我想起了你曾經提醒過我的事，『不要剝奪他人的能力』，我這時才意識到，我一直在剝奪朋友償還自己欠款的能力。

「連續三個晚上，我在想像中建構了一個場景，場景中我聽到朋友告訴我，他突然收到大量的訂單，能夠全額償還借款了。第四天，我接到了他的電話。他告訴我，根據他聲稱的一個『奇蹟』，他收到數量極大的訂單，而且都是大訂單，他現在不僅能夠全額償還欠款，也包括所有利息。事實上，他剛剛寄了一張支票給我，一張全額借款數字的支票。」

——R.K.

在想像成真的秘密中，最根本的核心，就是想像與所想像的狀態之間的差異。

「關乎心靈的事物才是真實的……」

「一切可以被相信的事物，都是真理的形象。」

第十三章

那些微不足道的瑣事

ALL TRIVIA

「一般的知識遙遠抽象；智慧和幸福則存在於具體的事物之中。」

——布萊克

我們必須運用想像力來達成具體的目標，即使目標看似微不足道。由於人們往往不會清晰地定義並想像這些具體目標，使得最終結果變得不確定，但其實原本可以有非常確定的預期結果。

想像具體的目標，能讓我們清楚地區分不同事物。例如，「我們怎麼區分橡樹和山毛櫸、馬和牛之間的不同？不就是透過明確的外型輪廓嗎？」**清楚的定義有助於我們確認這些具體事物的存在，而不讓那些模糊不清的概念占據我們的思緒。**

地球上的生活，就像是一個創造意象的幼稚園，所要創造的物體大小並不重要。布萊克曾說：「關於藝術和生活，有一個偉大的重要原則是：邊界越清晰、越銳利，作品就越完美；如果邊界模糊不清，則更顯出模仿的能力不足。什麼東西可以建造出房子、種植成一座花園呢？就是那些明確且具體的事物。如果省略了這條明確的界限，就等於省略了感受生命的本質。」

就是「那一頂」帽子

接下來這些故事，全都是關於獲得看似微不足道的東西，或者我就稱之為「玩具」，但它們卻都相當重要，因為這些玩具背後都有清楚明確的想像意象。

第一個故事的作者被人們認為「擁有一切」，而這也確實是事實，在財務、社交及智慧的層面上，她都擁有安全的穩定性。她寫道：

「正如你所知道的，透過你教導的方法，我徹底改變了自己以及自己的生活。

兩個星期前，當你提到『玩具』時，我意識到自己從不曾好好地運用想像力去獲得『一些東西』，於是決定把它當成有趣的嘗試來進行。

「你提到一位年輕女性，只是藉由自己在想像中戴上了一頂帽子，就得到了一頂帽子。我人生中最不需要的就是一頂帽子，但我想測試自己的想像力，看能否『獲得一些東西』，因此剪下時尚雜誌中一頂帽子的圖片，貼在梳妝台前。

「我仔細看著那張圖片，接著閉上雙眼，想像自己將那頂帽子戴在頭上，並『戴著』它出門。我只做了這麼一次。

「接下來的一個星期，我和一些朋友見面並共進午餐，其中一位朋友就戴著『那一頂』帽子，所有人都覺得很好看。隔天，我收到了一個包裹，裡面竟然是『那一頂』帽子。原來前一天戴著這頂帽子的朋友將它寄給我，還附上一張字條，說她並不是很喜歡那頂帽子，也不知道當初為什麼買下，但覺得很適合我，所以請我收下它！」

——G.L.

麻雀有吃的了

從「夢想到實體事物」的進程，是推動人類進步的力量。**「我們必須在想像的層面上生活，且必須是有意識的、刻意去實踐的行為。」**

「我一直很喜歡鳥類。我喜歡觀察牠們——聽著牠們喋喋不休——餵食牠們；我尤其喜歡小麻雀。幾個月來，我餵食牠們吃早餐麵包的屑屑、野鳥的飼料，以及我認為牠們會吃的任何東西。然而，在這幾個月裡，我一直感到很沮喪，因為我看到那些較大型的鳥類主宰著這個區域，特別是鴿子，牠們貪婪地吃掉大部分豐富可口的飼料，只留下一些殼給我的麻雀吃。

「一開始，我覺得要用想像力來解決這個問題。似乎看來有些荒謬，但越想越覺得這個想法有趣。於是，有一天晚上，我開始在想像中『看到』小鳥們來到這一片區域，每天得到充足的食物。我『告訴』我的妻子了，那些鴿子不再來打擾我的麻雀了，而是像紳士般地分享食物，只吃自己的份量，然後就離開了。

「我持續進行這個想像行為將近一個月。然後，有一天早晨，我注意到那些鴿子消失了。麻雀們有好幾天可以獨享自己的早餐；在這幾天當中，沒有其他的大型鳥類進入這一片區域中。雖然牠們最終還是回來了，但直到現在，那些鴿子再也沒有侵犯過這些麻雀的區域。牠們會聚在一起，吃著我提供的食物，卻也留下充足的份量給我的小朋友們。而且，你知道嗎……我真的相信那些麻雀們理解這一切；當我在牠們身旁走動時，牠們似乎也不再害怕了。」

——R.K.

牆上的那幅畫

至於下面這位女士，則證明了**除非我們將所有心思投入，並且真心想像**

自己感受到願望實現的那種感覺，才算是真正參與其中——因為人完全是由想像所組成的，必須身處我們想像的地方，以及狀態中。

「二月初，我和丈夫已經在新家住了一個月。這是一個美麗到無法形容的家，坐落在崎嶇的懸崖上，前院面對著海洋，四周有微風和天空為鄰——我們感到無比的興奮。如果你也曾親手建造自己的家園，就能體會在那種喜淚中滿溢的幸福，但也意識到自己的錢包是多麼空虛：有數百件的美麗東西爭相要我們買下，但我們最想要的卻是一幅畫，一幅壯麗的海景，中央有一艘雄偉的白色快速帆船。在我們建造房子的過程中，這幅畫一直駐留在我們心中，還因此特地空出客廳的一塊牆面，以便將來能掛上它。我的丈夫在牆上裝上了紅色和綠色的裝飾燈籠，以襯托這幅畫作，但畫作本身——還得要等一段時間。所有具備實用性質的東西，如窗簾、地毯等，都必須優先考慮，但這無法阻止我們在想像中『看到』那幅畫作掛在牆上的情景。

「有一天，當我在逛街時，走進了一家小型的藝術畫廊。當我一進門，突然就停下腳步，使得我後方的一位男士撞上了一個畫架。我向他道歉，並指著一幅畫作，而那畫作就掛在視線的另一端。

「『它就是讓我停下腳步的原因！我從未見過這麼美妙的作品！』他自我介紹說自己就是畫廊老闆，並說：『是的，這是一幅原作，由一位世上最偉大的快速帆船畫家所創作。』接著，他告訴我關於這位藝術家的事，但我並沒有在聽他講話。我無法將自己的視線從那艘美麗的帆船移開。突然之間，我感受到一件非常奇特的事。

「一瞬間，畫廊的畫面變得模糊，我在心中『看到』那幅畫掛在我們家的牆上。我擔心這位畫廊老闆覺得我有些失態，而我確實也有些激動，但當他說出一個天文數字的售價時，我才終於將注意力轉回到他所說的話上。我微笑著說：『也許有一天……』他繼續講述關於那位畫家的事，還提到了一位美國藝術家，他是唯一可以複製這位偉大英國大師畫作的石版畫家。他說：『如果你運氣好的話，或許有機會買到他的複製品。我曾看過他的作品，每個細節都完美無缺、一絲不苟。許多人更喜歡複製品，而不是原作。』

「不論是『複製品』還是『原作』，兩者的價值我都一無所知，但無論如何，我只想要那個場景實現。那天晚上，當我丈夫回到家時，我什麼都不想聊，只想談論那幅畫，並懇求他一起去畫廊看看。『也許，我們能在某個地方找到一幅複製品。那個男人說……』他打斷了我，說道：『是的，但妳也知道我們現在買不起任何畫作……』我們的對話就此結束，但那天晚餐後，我站在客廳，『看到』了那幅畫掛在我們家牆面上的樣子。

「第二天，我的丈夫與一個客户有約，直到天黑才回家。當他走進家門時，我在家裡的另一處忙碌著，只跟他打了聲招呼。幾分鐘後，我聽到了敲打聲。我走進客廳看他在做什麼，結果發現牆面上正掛著我想要的那幅畫作。在強烈的喜悅中，我想起了畫廊那個男人所說的話……』這就是運氣好的意思嗎？那麼，以下是我丈夫的那一段故事：

「結束了剛才提及的那個約之後，我丈夫走進了一間他所見過、最貧困最簡陋的小房子之一。客戶自我介紹後，帶著我丈夫進入一個又小又昏暗的用餐區，坐在一張光禿禿的桌子旁。當我丈夫將公事包放在桌上時，抬頭就看到牆上掛著那一幅畫作。他承認自己在與客戶談時非常不專心，因為無法將自己的視線從那幅畫上移開。客戶簽了合約，並給了他一張支票作為訂金，但我丈夫當時覺得這張支票上的數字似乎少了十美元。他向客戶提到這件事，對方說這張支票上的數字已是他所能負擔的金額，但接著又說了一句，『我發現，你對那幅畫作很感興趣。在我租下這個地方時，那幅畫就已經在這裡了。我不知道它原本是屬於誰的，但我並不想要，如果你可以幫我補上那十美元，我就將這幅畫送給你。』

「當我丈夫回到辦公室時，發現自己對支票上數字的理解有誤，其實他根本不必補上那十美元的差額。於是，畫作就這樣掛在我們家裡的牆面上，而且一分錢都沒花。」

——A.A.

一顆快樂的心。」

一條麵包

而對於寫了以下這封信的 R.L.，我則必須說：「我確信，女士，您擁有一顆快樂的心。」

「有一天，我必須去市中心，但正處公車司機罷工期間，只能從家裡步行十個街區到最近的公車站。回家前，我想到這條路線上沒有超市，我無法購買晚餐所需的食材。雖然現有食材仍足夠料理出一頓『隨機應變的晚餐』，但還需要買麵包。而這一整天下來的購物行程，回程需要從下車處走十條街回家已是我的極限，要再走去買麵包，簡直是不可能的事。

「我靜靜地站了一會兒，讓麵包的畫面『在腦海中跳舞』。然後我就準備回家了。當我上了公車時，因為太疲累，便找了第一個空位坐下，差點坐在一個紙袋上。在一輛擁擠的公車上，疲憊的乘客很少會直接看向彼此，於是我出於好奇，瞥了那個袋子一眼。當然囉，袋子裡裝了一條麵包——而且還不是什麼隨便的麵包，就是我平常會買的那個品牌！」

——R.L.

那些瑣碎的小事，儘管看似微不足道，卻能夠在無需付出代價的情形下，產生一些小小的成果。透過想像，這些事情得以實現，而且不需要一般人們認定的必要手段。人們對於財富的評價，往往與真正的價值無關。

「你們都來，買了吃；不用銀錢，不用價值，也來買酒和奶。」（以賽亞書 55:1）

第十四章

創造的瞬間

THE CREATIVE MOMENT

「每一天都有一個時刻是撒旦找不到的，連撒旦的追隨者也無法找到；但勤奮的人找得到這個時刻，並隨著自己的努力而擴大增長；這時刻一旦被發現了，若能正確地加以運用，就能改變一天中的每一刻。」

——布萊克

每當我們想像事物應該是什麼樣子，而不是只看它們實際的樣子時，就進入了「那個瞬間」（The Moment）。因為，在那個瞬間，富有靈性的人完成了自己的使命，一切重要的事開始發生，而這些事會與那個瞬間下的改變一致，一同塑造出和諧的世界。

布萊克寫道，撒旦是一個「反應者」（Reactor），他從不主動行事，只會對事物被動地反應。如果我們對於當下發生的事，對日常發生的事，抱持著「反應性」（reactionary）的態度，不就是在扮演撒旦的角色嗎？

人們在自己的自然狀態或所謂撒旦角色的狀態下，也只是被動地反應，不是主動地行動或創造，只是做出反應，或對事物進行重新組合。**一個真正的創造性瞬間，或是一種實現願望的真實感受，價值遠超過一整個自然生命中所有的反應**。在這樣的一個瞬間，上帝的使命便完成了。我們可以再次引用布萊克的話：

「上帝只是行動和存在著，透過存在的生物或人類來加以實現。」

世上存在著一個想像中的過去，和想像中的未來。如果我們透過「反應」（reacting），將過去重新創造為現在，那麼，透過實踐我們的美好夢想，未來也可以被變成當下的現實。

「**我現在感受到未來就在這一個瞬間。**」（莎士比亞）

具有靈性的人會主動採取行動，對他們來說，想做的任何事都可以在自己的想像中立即做到——而且，座右銘一向是「**那個瞬間就是現在**」。

搭便車的女人

人與實現夢想之間，唯一的阻礙就是事實，而事實是想像創造出來的產物。如果人可以改變自己的想像，就能改變這些事實。

以下的故事講述一位年輕女子如何找到「那個瞬間」，並藉由實現美好夢想，將未來帶入當下的現實，但她直到最後一幕，才意識到自己所做的一切。

「對於不曾接觸你那些教導內容的人來說，以下的事或許看起來像是巧合，但我知道我目睹了一個富有想像力的行動，在大約四分鐘的時間，成就了現實的型態。我相信你會對這個故事感興趣，這是我在昨天早上事情發生後的幾分鐘內寫下來的，完全如實地記錄下來。

「我正沿著日落大道向東行駛，行駛在三個車道中間的那一條。當我放慢速度準備在三岔路口停下來等紅燈時，注意到一位穿著灰色衣服的老婦人，正從我的車前跑過，過了馬路。她抬起一隻手臂，對著一輛停在路邊但準備開走的公車揮手，顯然是想延遲巴士的行駛。

「公車司機減速了，我以為他會等她上車。但是，當她跳上人行道時，那輛公車卻開始駛離，就在她放下手臂的瞬間。接著，她轉身迅速走向附近的一個電話亭。

「當我這邊的紅燈變成綠燈，要開始向前行駛時，我心裡希望自己能讓她搭個便車。即使距離有點遠，我也能看出她極度焦急。我的這個心願瞬間成了我腦海中的戲碼，當我駕車駛離時，幻想展開成以下的場景……

「我打開車門，一位穿著灰色衣物的女士上了車，帶著如釋重負的笑容，不斷地向我道謝。她因為跑過來而氣喘吁吁，說道：『我只需要幾個街區就到了。我要去見我的朋友，我很擔心錯過這班公車之後，他們就離開了。』我想像著她在接下來的幾個街區後下車，一看見朋友們還在等她，十分高興。她再次向我道謝，接著就走遠了……

「這一整個想像中的場景，只花了我以正常速度行駛一個街區的時間。這個幻想滿足了我對那個『現實』事件的感受，因此立刻就忘了這件事。再行駛四個街區後，我仍然開在中間的車道上，再次停下來等紅燈。這時我正專心想著一件早已忘記的事，突然有人輕輕敲了我的車窗。我抬頭一看，竟然是一位看起來很可愛的老婦人，有一頭銀白色頭髮，穿著一身灰色衣服。她面帶微笑，詢問是否可以搭幾個街區的便車，因為她錯過了公車。

「她有點氣喘吁吁，應該是剛跑步過來的關係。在繁忙的街道中，她突如其來的出現把我嚇傻了，暫時只能本能地反應。我沒有回答，但是向一旁傾身，打開了車門。她上了車，說道：『匆匆忙忙趕路卻又錯過了公車，真是太令人沮喪了。我實在不想冒昧麻煩妳，但我要去見一些朋友，距離這裡只有幾個街區，如果我現在走過去，肯定就會錯過他們了。』過了六個街區之後，她驚呼地說：『喔，太棒了！他們還在那裡等我。』我讓她下車，她再次向我道謝，接著就走遠了。

「我想，我在不知不覺間開車到了目的地，因為我清楚意識到自己剛剛目睹了一個想像中的情境成了事實。在事情發生時，我就已經察覺到了。

「我立即寫下事件的每個細節，發現透過幻想的『有意識的清醒夢境』（waking dream），與隨後發生的『現實』之間，有著令人訝異的相似之處。

「兩位女士都一樣年長、舉止優雅，穿著全灰衣服，因為急著趕公車而氣喘吁吁。她們都想去見朋友（而且基於某些原因，這些朋友似乎都不能久等），都在幾個街區內下車，並成功見到她們的朋友。

「我感到驚訝、不知所措，卻又感到振奮！如果這世上沒有巧合或意外，那麼我幾乎瞬間見證了想像變成『現實』的過程。」

——J.R.B.

「每一天都有一個時刻是撒旦找不到的，連撒旦的追隨者也無法找到；但勤奮的人找得到這個時刻，並隨著自己的努力而擴大增長，一旦找到了這個時刻，若能正確地加以利用，就能改變一天中的每一刻。」

那與我成為一體的人

「自從我第一次讀到你的著作《探索》之後，就一直渴望有機會體驗一次靈性上的內心啟示。自從你告訴我們關於『應許』（Promise）的講述後，這種渴望就更加強烈了。我想與你分享我個人的啟示，這是對我的祈禱的榮耀回應；但我確信，如果不是兩個星期前所發生的一件事，我不會有這次的經歷。

「當時我正要去教一堂課，要把車停在離教學大樓有一段距離的地方。當我下車時，注意到四周一片靜寂，路上空蕩蕩的，沒有人影。

「突然間，我聽到了一聲非常可怕的咒罵聲。我看向聲音的方向，看見一個揮舞著手杖的男人正大聲咆哮，夾雜著惡毒的話語：『我要殺了你，我要殺了你。』當他往我的方向走來時，我繼續前行，因為那一刻我心裡想著：『現在，我有機會驗證我所信仰的事了：如果我真的相信我們都是合而為一的一體，那麼這個流浪漢和我都來自同一個父，就不會有危害降臨到我身上。』

「我心中沒有恐懼。與其說我看見一個男人朝著我走來，不如說我感受到了一道光。他停止了咆哮，並放下手杖，靜靜地走了過來，在不到一英尺的距離，我們擦肩而過。

「在那一刻，當我的信念通過了考驗，我感覺四周的一切似乎比以前更加生機蓬勃——花朵更鮮豔，樹木也更翠綠了。我感受到了一種平靜，以及不曾體驗過的那種生命的『一體性』（oneness）。

「上個星期五，我開車到我們位於鄉村的房子——那一整天都沒有什麼特別的事發生。我正在寫一份初稿，因為並不覺得特別疲累，直到凌晨兩點左右才試著入睡。然後我關掉了燈，陷入那種飄浮的感覺，不是完全睡著，而是我所說的那種半睡半醒。

「在這樣的狀態下——我眼前時常會浮現美麗且陌生的面孔——但是，這一天早晨的經歷卻不同。有一個孩子的完美面孔出現在我面前，然後又轉身對我微笑。那張臉散發著光芒，似乎將我的整個頭腦都點亮了。

「我的心情極為美好，想著『這一定是基督之光』；但我內心中有一句無聲的話語告訴我：『不，這就是你自己。』我覺得，這將讓我從此不一樣，也許有一天有機會經歷到『應許』的啟示。」

——G.B.

我們的夢想全都會實現，只要我們明白「想像創造現實」——並且付諸行動。然而，想像力對我們的要求，遠比創造事物更深刻、更根本；實際上，更是認知到想像力與上帝的一體性；實際上，想像力所創造的一切，就是上帝透過人類來實現的，因為人本身就代表了全然的想像力。

第十五章

神聖的應許：四次神秘啟示的經驗

THE PROMISE: Four Mystical Experiences

目前為止，在我所描述的經歷中——除了G.B.看到孩子的那次啟示——都是有意識地運用想像力。

許多人在想像中打造了劇本，且都暗示了他們渴望實現的願望。然後，透過想像自己參與了這些劇情，創造了想像行為下所暗示的事物。這就是明智地運用了神的法則，但「沒有一個人靠著律法在神面前稱義」。（加拉太書 3:11）

對於將「想像主義」（Imaginism）作為一種生活方式，許多人感到興趣，但對於它背後的信念框架，卻完全不感興趣，然而，這種信仰卻是一種能夠引導人們實現神之應許的信念。「我必使你的後裔接續你的位；我也必堅定他的國……我要作他的父，他要作我的子。」（撒母耳記下 7:12-14）

上帝所應許的，是要從我們的身體裡帶出一個兒子，「不是因血緣、肉體的意志或人的意志，而是因神的旨意所生的兒子」。這個應許對於許多人來說並不重要，他們只想要了解上帝的律法規範，而不是祂的應許。然而，早在基督教出現的早期，這種神奇的誕生，就已經明確被認定是全人類的必經之路。

「你們必須重生。」（約翰福音 3:7）我在這裡要再重申這一點，並用我個人的神秘經驗來表達，讓讀者明白這種「重生」（from above），是上帝創造的唯一目的，絕對不是可有可無的附加體系。

具體來說，我之所以要記錄這四次神秘啟示的經驗，目的是要顯現「那誠實作見證的、從死裡首先復活、為世上君王元首的耶穌基督」（啟示錄 1:5）所傳達的，關於這種「重生」的意義。

「若沒有奉差遣，怎能傳道呢？」（羅馬書 10:15）

神是我，我是神

多年前，我的心靈層面經歷了一個轉變，進入一個神聖的「群體」，當中的人們都充滿了神的覺醒。雖然這可能聽起來很奇怪，但這些神靈之間確實能彼此聯繫。

當我進入這個「群體」時，首先迎接我的是一個象徵無限力量的化身，他擁有凡人無法理解的力量。

接著，我被帶去見無限的愛。他問我：「這世界上最偉大的東西是什麼？」我用保羅的話回答他：「有信、有望、有愛；這三樣，其中最大的是愛。」就在那一刻，他擁抱了我，我們的身體融合為一，成了一個身體。我與他緊密地相連，愛他就如同愛自己的靈魂。

過去，「上帝的愛」這句話時常被當成一個空洞的口號，此時卻是一種充滿了重大意義且深刻的現實。地球上最親密的關係，相較於這種結合而言，都像是在各自的獨立牢房中生活。

在我處於這種極度喜悅的狀態中時，突然聽到來自外太空的一個聲音吼叫著：「打倒那些藍血貴族！」這聲音讓我瞬間回到最初迎接我的那一位面前，就是象徵無限力量的化身。他注視著我的雙眼，不必用上語言或嘴唇，卻讓我聽見了他的話語：「是行動的時候了。」我立刻被帶出那個神聖的「群體」，回到了地球。我被自己理解上的限制所折磨，但我知道在那一天，那個神聖的「群體」已經選擇我作為夥伴，派我去宣講基督的教義——上帝對人類的應許。

我的神秘靈性體驗，讓我真的接受了「這個世界就像一個舞台」這句話，而神在其中扮演著所有角色。這齣戲的最終目的是什麼呢？就是將人類（被造物）轉變成神（造物主）。上帝愛著被造的人，於是化身為人，因為祂相信這個自我奉獻的行為，能夠將人（被造物）轉變為神（造物主）。

這齣戲開始於神以人類的身分被釘死，結束於人類以上帝的身分重生復活。上帝變成我們的樣子，好讓我們也能成為祂的樣子。上帝成為人類，讓人類先成為一個有生命的存在，再接著成為賜予生命的靈。

「我已經與基督同釘十字架，現在活著的不再是我，乃是基督在我裡面活著；並且我如今在肉身活著，是因信神的兒子而活；他是愛我，為我捨己。」（加拉太書 2:20）

上帝以人的形象降臨，並甘願接受死亡——甚至在人類的十字架上被釘死，並在象徵著人類痛苦及罪行的髑髏山上受難。上帝自己進入了死亡之門——人類的頭顱——並躺在人類的墳墓之中，讓人成為活生生的存在。神的憐憫將死亡化為沉睡。接著，人類偉大且難以想像的蛻變開始了，人類轉變成為上帝。

沒有上帝被釘死於十字架上，任何人都無法跨越通往有意識生活的門檻，但現在我們與上帝的被釘之身合一。

神以我們美好的想像力存在於我們之中。「人就是一切想像，而上帝就是人，存在於我們裡面，而我們也在祂裡面。人的永恆身體就是想像——也就是上帝自己。」

當神在我們內心復活時，我們將變得像祂，祂也會像我們。那時，所有不可能的事物，都會因為神在我們心中復活而消融，帶來一種提升本質的感覺。

這裡有個不為世界所知的秘密：上帝為了給予人類生命、使人類獲得自由，進而犧牲了自己的生命。

雖然上帝對自己的創造有著清楚的認知，但並不代表人類（被想像創造出來的存在）會意識到上帝的存在。為了實現這個奇蹟，上帝必須先死去，然後再次以人的身分復活，沒有任何人比威廉・布萊克更清楚地表達了這一點。布萊克說道（或者更準確地說，是耶穌說道）：「除非我死去，否則你無法活著；但如果我死了，我將再度復活，你也會與我一同復活。你願意去愛一個從未為你而死的人嗎？或者，願意為一個從未為你而死的人犧牲自己呢？如果上帝不為人而死，並且不永遠地為人奉獻自己，人類將無法存在。」

因此，上帝死去——也就是說，上帝自由地為人類付出自己。祂刻意成為人類，並忘記自己是上帝，希望這樣創造出來的人類，最終也能像上帝一樣復活重生。上帝這麼全然地為人類奉獻，祂在十字架上呼喊著「我的上帝，我的上帝，祢為什麼離棄我？」卻忘記了自己就是上帝。但當上帝以一個人類的身分復活之後，祂會對自己的兄弟們說：「**為什麼我們在這裡顫抖著、呼喊著神的幫助，而不向我們自己求助呢？因為神就在我們之中。**」

這位從死亡中復活的第一人，被稱為耶穌基督（Jesus Christ）——他是已經沉睡之人的初熟果子⑱，也是死者中的首位復活者。上帝為了人類而死；如今，透過一個人類之身，也帶來了死者的復活。耶穌基督藉由成為自己的父親，進而復活他死去的父親。

在亞當這個代表所有人類的「普通人」當中，上帝處於沉睡狀態；而在耶穌基督這位具體化的神中，神就醒來了。當神醒來時，作為被造物的人變成了造物主的神，且可真切地說：「在世界尚未存在之前，我就已經存在了。」正如神因自己對人類的愛而完全認同自己為人，以至忘記自己是神，同樣地，人因為對神的愛，也必須完全認同自己為神，以至透過想像方式，活出神的生命。

上帝的遊戲讓人變成了上帝，這點在《聖經》中已得到了揭示。《聖經》中的意象和象徵非常一致。《新約》隱藏在《舊約》中，而《舊約》也在《新約》中顯現。《聖經》展現了上帝的律法和祂應許的啟示，它從來就不是用來教導歷史的，而是為了引導人們憑藉著信心，一路穿過苦難的熔爐，實現上帝的應許，將沉睡中的人類喚醒，使其成為像神一樣的存在。

《聖經》中的角色們，不僅僅只存在於過去，而是活在一個富有想像力的永恆當中。他們象徵著靈魂的永恆精神狀態，代表著人類在永恆死亡中的旅程，以及最終實現對永恆生命的覺醒。

《舊約》告訴我們上帝的應許，《新約》告訴我們上帝的應許如何持續地在當下實現，而不是只回顧過去實現的方式。《聖經》的核心主題是每個人都能直接體驗的個人神秘經歷，特別是那位先知所提到的、這個孩子的誕生，「……因有一嬰孩為我們而生；有一子賜給我們。政權必擔在他的肩頭上；他名稱為『奇妙策士、全能的神、永在的父、和平的君』。他的政權與平安必加增無窮……」（以賽亞書 9:6-7）

⓲「the first fruits」指初熟的果實或水果，通常用來象徵最早的或最為優質的一批收成。在神學中代表著耶穌基督作為復活的典範，意指他是所有死者的首位復活者，預示著未來信徒的復活及重生。

當這個孩子向我們顯現時，我們不僅看到他，還能夠體驗到他的存在。對於這種啟示的回應，能以約伯的話來表達：「我從前風聞有你，現在親眼看見你。」（約伯記 42:5）化身的故事並不是虛構的故事或寓言，也不是用來操控人們思想的精心手法，而是一種真實的神秘經歷。這種經歷是一種個人的神秘經歷，象徵著自我從自己頭顱中誕生的過程，以一個孩子的誕生作為具體的象徵，他被包裹在襁褓裡，安靜地躺在地上。

光是聽聞這孩子從自己的頭顱中誕生，和實際經歷這個誕生的過程，兩者之間有很大的區別。前者的誕生是任何科學家或歷史學家都無法解釋的，而後者則是你親手抱著、親眼看到這個奇蹟般的孩子。這個從你的頭顱中誕生、從你的內心誕生的孩子，違反了所有的自然法則。在《舊約》中提出的問題是：「你們且訪問看看，男人有產難嗎？我怎麼看見人人用手掐腰，像產難的婦人，臉面都變青了呢？」（耶利米書 30:6）。

希伯來文的「chalats」一字，被誤譯為「腰部」，但實際的意思是指「抽出」、「分娩」，以及「脫離自我」。從自己的頭顱中抽出了自我，這正是先知所預見的必要過程，是超越世俗的誕生，讓人得以進入上帝的國度，並體驗到對生命最高層次的真實感知。歷史上有一句話說：「深淵就與深淵響應……主啊，求你睡醒，為何儘睡呢？求你興起，不要永遠丟棄我們！」（來源於詩篇 42:7, 44:23，將兩句話合而為一）

在〈福音書〉中記載的事件，其實發生在每一個人身上。然而，關於那一天或那個時刻，當個體要誕生時，除了父親（上帝）之外，沒有人會知道。「我說：你們必須重生，你不要以為希奇。風隨著意思吹，你聽見風的響聲，卻不曉得從那裡來，往那裡去；凡從聖靈生的，也是如此。」（約翰福音 3:7-8）

這個〈約翰福音〉中的啟示是真的。以下就是我對這種重生的經歷。像保羅一樣，我並沒有從他人身上得到這個啟示，也沒有受過任何教導。實際上，只有真正體會過這種靈性重生的人，才能真實地表達這種神秘經歷。我完全不知道這種誕生真的存在。

在實際經歷之前，誰會相信這位奇妙的策士、全能的神、永恆的父、和平的君，會深藏在自己腦子的意識之中？在經歷之前，誰可以理解他的造物者就是他自己的丈夫，而萬軍之耶和華是祂的名？誰會相信，**造物者進入自己的被造物（creation）中，即「人」，並知道那就是祂自己，而進入了人的內心——神與人的結合——最終讓一位兒子從人的內心意識誕生**；這個誕生賜予了那個人永恆的生命，並與他的造物者永遠結合在一起呢？

如果我現在講述那一晚的經歷，不是為了將自己的思想強加於他人身上，而是為了給那些像尼哥底母（Nicodemus）[19]一樣質疑「人已經老了，如何能重生呢？豈能再進母腹生出來嗎？」的人們帶來希望，但這就是我所經歷的事。

因此，我現在將「寫下異象」，並「將這默示明明的寫在版上，使讀的人容易讀。因為這默示有一定的日期，快要應驗，並不虛謊。雖然遲延，還要等候；因為必然臨到，不再遲延。迦勒底人自高自大，心不正直；惟義人因信得生。」

（哈巴谷書 2:2-4）

在頭顱中誕生

一九五九年七月二十日的早晨，在舊金山這座城市，一個充滿藝術的天國夢境被突然的劇烈震動打斷，而這震動集中在我的頭顱底部。

接著，一場戲劇就此展開，其真實程度彷彿就是我完全清醒時的經歷。我發現自己被困在頭顱裡，那束縛感就像是被完全埋在裡面。

我試著從底部強行擠出。突然有什麼東西讓開了，我感覺自己頭部朝下地移動，穿過了頭顱的底部。我一寸一寸地擠了出來。

當我快要完全出來時，我抓住了以為是床腳的東西，將剩下的部分拉出我的頭顱之外。那時，我就這樣躺在地板上，長達幾秒鐘。

---

⑲ 尼哥底母這名字的意思，是民眾間的得勝者，代表的是保守宗教教條主義的法利賽人，但卻有一顆敏感和追求真理的心。

接著，我站起身，看著自己躺在床上的身體。那個身體臉色蒼白，仰躺著，在床上翻來覆去，像是剛經歷過一場重大的考驗。當我凝視著那個身體時，我希望它不會從床上掉下來，這時，我注意到最初引發這一切的震動，不只來自我的腦袋，也來自房間的一個角落。當我朝那個角落看去，心中想著那股震動是否是因一陣強風所造成，強烈到足以讓窗戶震動。我沒有意識到，我在腦袋裡感受到的震動，似乎與房間角落傳來的那股震動有關。

我回頭看了看床的位置，發現自己的身體不見了，取而代之的是我的三個哥哥。我的大哥坐在頭部的位置，我的二哥、三哥則坐在腳部的位置。但他們似乎沒有注意到我，而我卻可以感知他們的存在和思想。我突然意識到自己在現實中是隱形的狀態。我注意到他們也因為來自房間一角的震動而感到不安。我的三哥看起來最為不安，他走過去察看震動的原因。他的注意力被地上某一樣東西吸引，低頭一看，然後大聲宣布：「是內維爾的寶寶。」另外兩個哥哥用難以置信的口氣問道：「內維爾怎麼可能會有寶寶呢？」

我的哥哥把襁褓中的嬰兒放在床上。我用我隱形的手把寶寶抱了起來，問他：「我的小甜心怎麼樣了呀？」他直盯著我的雙眼並微笑著，這時我突然在現實世界中醒來——思索著這是我眾多神秘經歷中最偉大的一次了。

詩人丁尼生（Tennyson）[20]對於死亡有一種描述，即在午夜「騎著夜黑戰馬」的一具骷髏。當圓桌武士加雷斯（Gareth）的長劍切開了頭顱時，那頭顱之中出現了……

「……一張如花般清新的少年面容，有如剛剛盛開的花朵。」（《國王牧歌》）

我還會分享幾個神聖啟示，因為它們證實了我主張的真理：《聖經》是靈性的事實，摩西的律法、先知的預言，以及〈詩篇〉中所有關於「應許之子」

---

[20] 丁尼生（Alfred Tennyson, 1809-1892），英國桂冠詩人，生於維多利亞時期，其詩充滿著浪漫時期色彩，以優美的詩歌形式和韻律取勝，以華麗的詞藻及豐富的想像力聞名。作品《國王牧歌》講述亞瑟王和他的愛人，以及騎士的故事；從亞瑟王掌權開始，描繪了他治下的王國興衰。

的一切內容，都必須透過個人的想像和靈性體驗才能理解。這個孩子的誕生是一個徵兆、一個預示，象徵著主所膏立的大衛得以復活，如祂所說的：「你是我的兒子，我今日生你。」（詩篇 2:7）

成為大衛的父親

在那個孩子誕生的五個月後，一九五九年十二月六日早晨，我人在洛杉磯，頭部又出現了一種與他誕生前類似的震動。

這一次，震動的強度集中在我的頭頂。接著發生了一次突然的爆炸，我發現自己身處一間裝飾簡樸的房間裡。在那裡，靠在開著的門邊的，是我的兒子大衛——即《聖經》中的大衛。他當時是個十幾歲的少年。令我印象深刻的，是他異常美麗的臉龐和身體。他就像〈撒母耳記〉第一卷中所描述的那樣，有紅潤的膚色、美麗的眼睛，而且非常英俊。

我始終覺得自己是現在的自己，不會覺得自己是其他人。然而，我卻知道這個男孩大衛是我的兒子，而他也知道我是他的父親，因為「從天上來的智慧是毫無疑惑的」。

當我坐在那裡注視著兒子的俊美時，這個幻象漸漸消逝，我醒了過來。

「我與耶和華所給我的兒女，就是從住在錫安山萬軍之耶和華來的，在以色列中作為預兆和奇蹟。」（以賽亞書 8:18）。上帝將大衛賜給我，作為我的親生兒子。

「我必使你的後裔接續你的位；我也必堅定他的國……我要作他的父，他要作我的子。」（撒母耳記下 7:12-14）。對於人來說，認識神的唯一途徑是透過「子」（the Son）。

「除了父，沒有人知道子是誰；除了子和子所願意指示的，沒有人知道父是誰。」（路加福音 10:22）。成為大衛的父親的經歷，代表著人類在地球上朝聖之旅的終點。

生命的目的就是找到大衛的父親，這位受膏者，也就是基督。「押尼珥啊，那少年人是誰的兒子？」押尼珥回答說：「我敢在王面前起誓，我不知道。」國王說：「你可以問問那幼年人是誰的兒子。」當大衛打死非利士人回來時，押尼珥領他到掃羅面前，他手中拿著非利士人的頭。掃羅問他說：「少年人哪，你是誰的兒子？」大衛回答：「我是你僕人伯利恆人耶西的兒子。」（撒母耳記上 17:55-58）。耶西代表「存在」這個動詞的任何形式。換句話說，我是「我就是誰」的兒子，我是自己誕生的，並且是上帝的兒子，父親的兒子。我與我的父親是一體的。我是那位無形上帝的形象。看見我的人，就等於看見了父。

「誰的兒子……？」這其實不是在詢問大衛，而是在詢問大衛的父親，這位國王曾經承諾要讓他在以色列中獲得自由。請注意，在所有的這些經文（撒母耳記上 17:55,56,58）之中，國王的提問，重點並不是關於大衛，而是關於大衛的父親。「我尋得我的僕人大衛；……他要稱呼我說：『你是我的父，是我的神，是拯救我的磐石。』我還要立他做長子，做地上君王中的至高者。」（詩篇 89）

那個重生的個體會找到大衛，並知道他就是自己的兒子。然後，對著那些總是與我們在一起的法利賽人，問道：「關於基督，你們怎麼看？他是誰的後裔呢？」當他們說「是大衛的後裔」時，他會對他們說：「這樣，大衛被聖靈感動，怎麼還稱他為主……大衛既稱他為主，他怎麼又是大衛的子孫呢？」（馬太福音 22:41-45）。人們對兒子這個角色的誤解，認為它只是一個象徵或預兆，結果使這位「兒子」被崇敬成為偶像。「小子們哪，你們要自守，遠避偶像！」（約翰一書 5:21）

上帝醒來了；而那個被祂喚醒的人，就變成了自己父親的父親。曾經是大衛兒子的耶穌基督，如今成了大衛的父親，如「亞伯拉罕的後裔，大衛的兒子，耶穌基督的家譜」（馬太福音 1:1）所示。

我不再呼喊「我們祖宗大衛」（使徒行傳 4:25），而是宣告「我找到了大衛」。大衛向我呼喊：「你是我的父。」（詩篇 89:26）現在我知道自己是以洛希姆（Elohim）的一員，那位成為人的神，讓人可以成為神。

「大哉，敬虔的奧秘！」（提摩太前書 3:16）如果《聖經》只算是歷史，那就不會是奧秘了。「要等候父所應許的。」（使徒行傳 1:4），也就是說，上帝的兒子大衛將會揭示你作為父親的身分。

耶穌說：「這個應許就是你們從我聽到的。」（路加福音 24:49），並會在上帝喜悅的時刻實現，那時上帝會給你他的兒子——作為「你那一個子孫，就是基督。」（加拉太書 3:16）

修辭手法的目的是引起人們注意，強調並強化字面意義的真實性。所表達的真理是具體的字面意思，但使用的字詞會是比喻性的。「忽然，殿裡的幔子從上到下裂為兩半。地也震動，岩石也崩裂。」（馬太福音 27:51）

解放

在一九六〇年四月八日的早晨——距離我得知自己是大衛的父親後，已經過了四個月，出現一道閃電般的力量劈在我的頭骨上，把我從頭頂到脊椎底部劈成了兩半，我有如一棵被閃電擊中的樹木。然後，我感受到自己有如閃著金光的液體，沿著脊椎以蛇行方式向上扭動；當我如一道光進入頭骨時，頭骨像地震一樣顫動著。「神的言語句句都是煉淨的；投靠他的，他便作他們的盾牌。他的言語，你不可加添，恐怕他責備你，你就顯為說謊言的。」（箴言 30:5-6）「摩西在曠野怎樣舉蛇，人子也必照樣被舉起來。」（約翰福音 3:14）

這些神秘經歷，將幫助我們把《聖經》從歷史、人物及事件的外在表面中解放，恢復對我們人生的真正意義。《聖經》中的經文必須「在我們身上」實現。上帝的應許將會成真，你也將會有這些經歷：「你們就必得著能力，並要在耶路撒冷、猶太全地，和撒馬利亞，直到地極，作我的見證。」（使徒行傳 1:8）

這個擴展範圍——從耶路撒冷、猶太全地（Judea）、撒馬利亞（Samaria），直到地極，做我的見證。

上帝的應許仍在逐漸成熟實現，直到時機及指定時間來到。不過，在你找到大衛，即你的兒子之前，所經歷的漫長、艱難且嚴峻的考驗，實在難以一言道盡；不過，這應許正快速地朝著終點前進，它絕對不會失敗。所以，請耐心地等候，因為這不會有任何的延誤。

「耶和華豈有難成的事嗎？到了所定的時候，我必回到你這裡。明年這時候，撒拉會生一個兒子。」（創世記 18:14）

Neville